D0760649

ZETA

Título original: *The Creative Spirit*
Traducción: Rosa S. Corgatelli
1.ª edición: febrero 2009

© 1992 by Alvin H. Perlmutter, Inc.
© Ediciones B, S. A., 2009
para el sello Zeta Bolsillo
Bailén, 84 - 08009 Barcelona (España)
www.edicionesb.com

Printed in Spain
ISBN: 978-84-9872-174-4
Depósito legal: B. 222-2009

Impreso por LIBERDÚPLEX, S.L.U.
Ctra. BV 2249 Km 7,4 Poligono Torrentfondo
08791 - Sant Llorenç d'Hortons (Barcelona)

El espíritu creativo

DANIEL GOLEMAN, PAUL KAUFMAN
Y MICHAEL RAY

ZETA

*A Maxwell y Julia Kaufman,
que hicieron posible que tantos otros
llevaran una vida creativa.*

ÍNDICE

3

LA CREATIVIDAD EN EL TRABAJO

4

CREAR COMUNIDAD

Agradecimientos

Como este libro se ha inspirado en entrevistas con participantes en la serie de televisión *El espíritu creativo*, damos las gracias a todas las personas que ayudaron a producir ese programa televisivo. Agradecemos en forma especial a Lisa Sonne, cuya investigación contribuyó a definir el marco intelectual de la serie de televisión y que llegó a ser una de sus productores. En particular queremos agradecer al personal de producción que contribuyó a determinar el contenido de la serie mediante el desarrollo y la producción del guión: Catherine Tatge, Sunde Smith, Anne-Marie Cunniffe, Anne Hansen y John Andrews. Los animadores Chuck Jones y John Canemaker colaboraron con generosidad aportando su habilidad artística y su ingenio tanto con la serie cuanto con el libro.

La organización y la administración de todo el proyecto *Espíritu Creativo* se benefició con la experiencia y la agudeza del productor ejecutivo H. Perlmutter. La colaboración de IBM fue esencial para dar a la serie y el libro su alcance y sabor internacionales. Estamos muy agradecidos por el entusiasta apoyo de Arlene Wendt, Bill Harrison, Carl LaRoche y Michael Gury.

Apreciamos profundamente las contribuciones de Howard Gardner, Teresa Amabile, Mike Csikszentmihalyi, Kenneth Kraft, Benny Golson, Jim Collins, James Parks Morton, Dori Shallcross, Hisashi Imai, Loris Malaguzzi, Tiziana Filipini, Jan Carlzon, Anita Roddick, Rolf Osterberg, Herman Maynard, Wayne Silby, Sheridan Tatsuno,

Dee Dickinson, Tara Bennett Goleman, Jennifer y Karen Kaufman, Kathleen Speeth y Kenneth Dychtwald.

Quedamos en deuda con Linda y Valerie Jones, por prestarnos en forma temporaria a ese Sísifo del desierto, el mismísimo Señor Grandes Ideas: el Coyote.

Por su inspirada y paciente colaboración en el diseño y la producción de este libro, agradecemos a Hans Teensma, Ginger Barr Heafey, Al Crane y Jeff Potter.

Por último, deseamos dar las gracias a nuestra correctora de estilo, Rachel Klayman, cuya creatividad y esmero fueron absolutamente esenciales para la redacción y la producción de este libro.

PREFACIO

El Coyote se encuentra con Buda

Chuck Jones, el animador que creó al Coyote (una de las estrellas de la serie de televisión en la que se basa este libro), dice que, para dibujar un coyote «debes tener un coyote dentro de ti. Y tienes que sacarlo a la luz. La animación significa invocar la vida, ¿y cómo invocas la vida? Tienes que encontrarla dentro de ti».

Mientras estábamos produciendo la serie de televisión *El espíritu creativo* en Kyoto, Japón, un tallador de figuras de Suda nos dijo: «Cuando tallo, busco el Buda *en la madera*. Y, cuando estoy tallando, necesito sacar el Buda de la madera. Debo tener mucho cuidado de no cortar al Buda.» Entre el señor Coyote y el Buda se oculta una verdad. Para que tenga lugar la creatividad, algo que se halla en nuestro interior debe cobrar vida en algo externo a nosotros.

Al producir la serie de televisión, preguntamos a diferentes personas de todo el mundo cómo hacen para encontrar y utilizar su creatividad. Entrevistamos a trabajadores de una fábrica de maquinaria pesada de Suecia, donde todos los empleados tienen el mismo cargo —«Persona responsable»— y cada trabajador pone su firma personal en cada pieza que fabrica. «Los productos que hacemos —dice el fundador de la empresa— son expresiones de quiénes somos.»

Vimos a escolares italianos que creaban pinturas extraordinariamente originales que resplandecían con colores puros y formas fantásticas. *Niente senza gioia* —«Nada sin alegría»— es el lema de la escuela. En Iowa, Estados Unidos, observamos a gerentes de una empresa de servicios que pasan por los rigores de bajar una pared deslizándose por una cuerda para superar el miedo a arriesgarse y aprender a confiar en los demás. Alegría, responsabilidad, confianza: éste era el lenguaje universal del espíritu creativo.

En cuanto a nuestro inventivo amigo el Coyote, ¿qué sucedería si en verdad se encontrara con Buda en un camino del desierto? ¿Iniciaría una conversación filosófica sobre la futilidad de perseguir al Correcaminos o de seguir comprando productos Acme que nunca funcionan? O quizá recordara el dicho: «Si en el camino te encuentras con el Buda, mátalo.» La idea en que se basa el dicho es que este Buda no es más que una ilusión del pensamiento y que, para encontrar lo que busca, uno primero debe mirar dentro de sí mismo. Cualquiera que se halle en una persistente búsqueda de la creatividad debe interpretar ese sabio consejo de la siguiente manera: si procuras encontrar el espíritu creativo en algún sitio exterior a ti, estás buscando en el lugar errado.

En el título de este libro, «espíritu» significa el hálito de la vida, y el obrero sueco revela su espíritu en la pieza de acero a la que le da forma y pule. Y el espíritu creativo está dentro de ti, cualquiera que sea tu ocupación. La clave, por supuesto, radica en liberarlo. Esperamos que este libro te ayude a lograrlo.

PAUL KAUFMAN
Productor jefe y guionista
Serie de televisión *El espíritu creativo*

1

LA CREATIVIDAD INTERIOR

En toda obra genial reconocemos nuestros propios pensamientos rechazados.

RALPH WALDO EMERSON

¿Alguna vez te ha sucedido esto?

Has salido a correr, estás por completo relajado, la mente agradablemente en blanco.

Entonces se te ocurre de repente la solución de un problema en el que has estado meditando durante días y semanas. Sólo te preguntas por qué no lo pensaste antes...

En momentos semejantes has hecho contacto con el espíritu creativo, esa musa esquiva de las buenas —y a veces geniales— ideas. El espíritu creativo es más que una iluminación ocasional o un suceso caprichoso. Cuando se despierta, el espíritu creativo anima un estilo de ser: una vida llena del deseo de innovar, de explorar nuevas formas de hacer cosas, de convertir sueños en realidad.

Seas quien seas, el espíritu creativo puede entrar en tu vida. Está al alcance de todos los que sientan la necesidad de probar, de explorar nuevas posibilidades, de dejar las cosas un poco mejor que antes. El espíritu creativo obraba, por ejemplo, en la vida de Martin Luther King, hijo, cuyas visión y tácticas sociales no violentas cambiaron a su país. Y obró en toda la vida de Martha Graham, que continuó transformando la danza moderna hasta su muerte, a los noventa y seis años. Pero ese espíritu aparece también en el cocinero arriesgado que inventa nuevas recetas cada día o en la maestra inspiradora que encuentra constantemente nuevas formas de despertar el entusiasmo de sus alumnos.

Los momentos creativos son de vital importancia para todo lo que hacemos en cualquier aspecto de la vida: relaciones, familia, trabajo, comunidad. En este capítulo examinaremos la anatomía del momento creativo y exploraremos la esencia de la creatividad.

Cuando adoptas un nuevo enfoque de lo que haces —y ese nuevo enfoque da resultado—, estás usando tu creatividad. Cuando vas más allá de las maneras tradicionales de solucionar un problema con un éxito que influye en los demás, tu creatividad adquiere una dimensión social vital.

En este capítulo conoceremos a personas que personifican la pasión, la persistencia y el humor capaces de dar vida al espíritu creativo. Entre ellos se cuentan:

- Jim Collins, que enriquece sus clases, en la facultad de la Empresa de la Universidad de Stanford, con las lecciones que aprende como arriesgado escalador de primera categoría.
- La doctora Alexa Canady, neurocirujana pediátrica que ha descubierto formas creativas de escuchar a sus pacientes y aprender de ellos.
- Paul McCready, prolífico inventor que construyó el *Gossamer Condor* —el primer avión del mundo capaz de volar con la energía humana— mediante el cuestionamiento de ciertas suposiciones básicas del diseño aeronáutico.
- Y Chuck Jones, el legendario animador de Bugs Bunny, el Coyote y Daffy Duck, que cree que el temor al «dragón» de la ansiedad es el trampolín imprescindible hacia la creatividad.

En las páginas de este libro veremos también qué pueden hacer los padres para ayudar a que sus hijos descubran tempranos intereses que los lleven a una vida de entusiasmo, así como a evitar los «asesinos de la creatividad» que ahogan la fértil imaginación infantil. Viajaremos a Italia a visitar uno de los mejores jardines de infantes del mundo y a una escuela primaria de Indianápolis en la que se pone a los niños en contacto con una amplia gama de proyectos creativos que van mucho más allá del estrecho marco de los temas escolares habituales. Y veremos de qué modo una Olimpíada infantil de creatividad desafía y motiva a sus participantes con la sana competencia.

A continuación visitaremos empresas pioneras de todo el mundo que han encontrado formas fascinantes de intensificar la creatividad de sus empleados. Una empresa sueca prescinde de los títulos restrictivos, la administración jerárquica y los secretos financieros. Su meta: poner la responsabilidad última de la motivación y la solución de problemas en manos de todos los empleados. Una firma de California ofrece, para reducir el estrés, un ambiente más hogareño y servicio de guardería infantil en su establecimiento. La teoría: los empleados que pueden ver a sus hijos en cualquier momento están menos preocupados, más felices... y rinden más en el trabajo. Una empresa de Iowa lleva a sus empleados al campo para que compitan en una carrera de obstáculos para que, cuando regresen a la oficina, aprendan a confiar en sus compañeros y correr riesgos creativos.

También veremos las formas en que gente de todo el mundo utiliza su espíritu creativo para encontrar respuestas innovadoras a ciertas apremiantes necesidades humanas. En busca del altruismo creativo, conoceremos a un grupo de mujeres hispanas de Texas que se han unido para criar a sus familias. Una empresa japonesa de alta tecnología emplea innovadoras técnicas de robótica para permitir que trabajen personas minusválidas. Niños suecos organizan ferias rurales y componen canciones para recoger dinero con el fin de salvar un bosque tropical de Costa Rica. Para combatir la pobreza y la desesperanza, una iglesia urbana capacita a miembros de la comunidad para convertirlos en diestros canteros.

Por último, consideraremos la forma en que nuestra sociedad podría cristalizar un amplio Renacimiento de la creatividad. Visitaremos el desierto de Arizona para explorar la fascinante hipótesis de que el secreto de nuestro renacimiento creativo puede encontrarse en la propia Naturaleza.

Y a lo largo de estas páginas se presentan sugerencias sobre la manera de permitir que el espíritu creativo embeba nuestra vida, así como ejercicios para ayudar a apagar esa temida voz interior de la autocrítica y despertar nuestro asombro y nuestra intuición.

ANATOMÍA DEL MOMENTO CREATIVO

> *Tú tienes que estar con la obra, y la obra tiene que estar contigo. La obra te absorbe totalmente, y tú la absorbes totalmente.*

LOUISE NEVELSON, escultora

Preparar el camino

Volvamos al ejemplo del principio.

Ese relámpago de inspiración, ese instante en que solucionas un problema con el que te has debatido durante semanas, es el momento final de un proceso marcado por ciertas etapas características. Henri Poincaré —matemático francés del siglo XIX, que se dio cuenta en un instante de la solución de un difícil problema matemático mientras lo meditaba estando de vacaciones— se contó entre los primeros en proponer aquello que todavía se considera como los pasos básicos del proceso creativo de solución de problemas.

El primer estadio es la preparación, que es el momento en que te sumerges en el problema, en busca de cualquier información que pueda resultar relevante. Es entonces cuando dejas vagabundear libremente tu imaginación, cuando te abres a cualquier cosa que sea incluso apenas pertinente con respecto al problema. La idea consiste en reunir una amplia gama de datos, de modo que elementos insólitos e improbables puedan comenzar a encajar una con otra. En esta etapa es de crucial importancia ser receptivo, poder escuchar abiertamente y bien.

Esto es más fácil de decir que de hacer. Estamos habituados a nuestra manera mundana de pensar soluciones. Los psicólogos denominan «fijación funcional» a la trampa de la rutina; sólo vemos la manera obvia de solucionar un problema: la misma manera cómoda en que lo pensamos siempre. El resultado es algo que a veces, bromeando, se llama «psicosclerosis», es decir, un endurecimiento de las actitudes.

Otra barrera que impide absorber información nueva es la autocensura, esa crítica voz interior que confina nuestro espíritu creativo dentro de los límites de lo que juzgamos aceptable. Esa voz crítica te susurra: «Pensarán que estoy loco», «Esto no funcionará jamás» o «Es demasiado obvio».

Podemos aprender a reconocer esta voz crítica y tener el valor de no tomar en cuenta su consejo destructivo. Recuerda aquello que en una oportunidad dijo Mark Twain: «El hombre al que se le ocurre una idea nueva es un chiflado, hasta que la idea tiene éxito».

A la etapa de la preparación podemos agregar otra que, como es muy incómoda, a menudo se pasa por alto: la frustración. La frustración surge en el momento en que la mente analítica, racional, en busca de una solución, alcanza el límite de sus habilidades. Dice Jim Collins, profesor de Stanford que enseña creatividad a algunos de los mejores empresarios jóvenes del mundo: «Si hablas con personas que han hecho cosas realmente creativas, te hablarán de las largas horas, la angustia, la frustración, de la preparación que tiene lugar hasta que algo hace "clic" y, ¡bum!, das un gran salto hacia adelante. Pero no pueden dar un gran salto sin devanarse los sesos.»

Aunque a nadie le gustan la frustración y el desánimo, las personas que mantienen su creatividad a lo largo de toda la vida llegan a aceptar que los períodos de angustia constituyen una parte necesaria de la totalidad del proceso creativo. Aceptar que hay una inevitable «oscuridad antes del amanecer» ayuda de varios modos. Cuando la oscuridad es vista como un preludio necesario a la luz creativa, es menos probable que se atribuya la frustración a la ineptitud personal o reciba el rótulo de «mala». Esta visión más positiva de la ansiedad puede fomentar una mayor disposición a continuar intentando solucionar un problema a pesar de la frustración. Puesto que las pruebas indican que muchas veces las personas no logran solucionar los problemas no tanto porque éstos sean insolubles sino porque se dan por vencidas antes de tiempo, puede considerarse que la perseverancia es uno de nuestros mejores aliados. No obstante, con frecuencia se llega a un punto en que el curso de acción más sensato consiste en abandonar todo esfuerzo. En ese momento, la mente racional «se rinde» al problema.

Incubación

Una vez que has reflexionado acerca de todas las piezas relevantes y empujado hasta el límite tu mente racional, puedes dejar que el problema se cueza a fuego lento. Ésta es la etapa de incubación, en que digieres todo lo que has reunido. Mientras que la preparación exige un trabajo activo, la incubación es más pasiva, un estado en que mucho de lo que sucede se desarrolla fuera de tu conciencia enfocada, en el inconsciente. Como suele decirse, «lo consultas con la almohada».

Aunque de vez en cuando puedas extraer el problema de esta zona crepuscular de tu mente y dedicarle toda tu atención, tu mente continúa buscando una solución aunque estés o no pensando en forma consciente en ello. Ciertamente; la respuesta puede llegar en un sueño o en ese estado nebuloso, semejante al sueño, en que estás a punto de dormirte o en cuanto te despiertas por la mañana.

A menudo subestimamos el poder del inconsciente, pero éste es mucho más fértil para las iluminaciones creativas que el consciente. En el inconsciente no existen juicios de autocensura, allí las ideas son libres de recombinarse con otras en esquemas nuevos y asociaciones impredecibles, en una suerte de promiscua fluidez.

Otra fortaleza del inconsciente radica en que es el almacén de todo lo que sabes y conoces, incluidas cosas que no puedes evocar rápidamente al nivel consciente. Los científicos cognitivos, que estudian cómo fluye la información dentro del cerebro, nos dicen que todo recuerdo es inconsciente antes de convertirse en consciente, y que sólo una pequeña fracción de lo que absorbe la mente —menos del uno por ciento— logra llegar alguna vez al consciente. En este sentido, el inconsciente es intelectualmente más rico que la parte consciente de la mente: tiene más datos a los que puede recurrir.

Además, el inconsciente nos habla de maneras que van más allá de las palabras. Lo que sabe el inconsciente abarca los sentimientos más hondos y las exuberantes imágenes que constituyen la inteligencia de los sentidos. El conocimiento inconsciente suele manifestarse más como una sensación percibida de lo acertado: una corazonada. A este tipo de conocimiento lo llamamos «intuición».

Nuestra intuición se alimenta directamente del vasto archivo de información que es un libro abierto para el inconsciente, pero hasta cierto punto cerrado al consciente. Es por eso, por ejemplo, que los cursos que preparan a estudiantes para rendir la Prueba de Aptitud Escolástica aconsejan que, si nos confunde una pregunta, debemos apuntar a la primera respuesta que nos parezca correcta. De hecho, ciertos estudios experimentales han comprobado que, en general, las primeras corazonadas de las personas forman la base de mejores decisiones que aquellas tomadas tras un análisis racional de los factores en pro y en contra. Cuando confiamos en nuestra intuición, en verdad recurrimos a la sabiduría del inconsciente.

Pasos en la oscuridad

Las personas creativas se arriesgan —afirma Benny Golson, músico y compositor de jazz—. La persona

➡

creativa siempre camina dos pasos en la oscuridad. Todo el mundo puede ver lo que hoy en la luz. Pueden imitarlo, pueden acentuarlo, pueden modificarlo, pueden darle una nueva forma. Pero los verdaderos héroes sondean en la oscuridad de lo desconocido.

Allí es donde descubres «otras cosas». Digo «otras cosas» porque, cuando se descubren, las cosas nuevas no tienen nombre y a veces desafían la descripción... como un recién nacido: no tiene nombre, desafía la descripción. Es arrugado. Se parece al abuelo pero tiene un solo día de vida. Se parece a la madre pero también al padre. Sin embargo, al cabo de un tiempo es hermoso y tiene un nombre. Muchas veces son así las ideas, las que creamos a partir de la oscuridad. La oscuridad es importante... así como el riesgo que lo acompaña.

Soñar despiertos

Todas las ideas realmente buenas que he tenido en mi vida aparecieron mientras ordeñaba una vaca.

GRANT GOOD, pintor

Cuando estamos más abiertos a la inventiva del inconsciente es en aquellos momentos en que no pensamos en nada en particular. Es por eso que «soñar despierto» es tan útil en la búsqueda de la creatividad. Después de haberse sumergido en un problema, da muy buenos frutos dejarlo de lado por un tiempo, como bien muestra la experiencia de Paul Mac-Cready, un inventor que ha abordado desafíos creativos como el de construir un avión que vuela utilizando la energía humana. «Tienes que sumergirte en el tema; hasta cierto punto, necesitas una buena preparación técnica para poder empezar —expresa MacCready—. Después, si el asunto te resulta interesante, empiezas a pensar en él en los momentos más extraños. Tal vez no se te ocurra una solución y te olvides por un tiempo; de pronto, mientras te estás afeitando, te surja una buena idea.»

MacCready suele tener sus momentos más creativos mientras se afeita: «Debes concentrarte sólo lo suficiente para que no haya demasiadas distracciones, y a menudo te descubres pensando en temas absurdamente diferentes y se te ocurren soluciones a algunos de los desafíos del día o algunos de los grandes proyectos que tienes en la cabeza.»

Cualquier momento en que podamos soñar despiertos y relajarnos es útil para el proceso creativo: una ducha, un largo trayecto en coche, una caminata en silencio. Por ejemplo, Nolan Bushnell, fundador de la empresa Atari, tuvo la inspiración de lo que llegó a ser un videojuego muy vendido mientras jugaba ociosamente con la arena en la playa.

«Las únicas grandes ideas que he tenido me han surgido en momentos en que estaba soñando despierto, pero la vida moderna parece decidida a impedir que la gente fantasee de este modo —agrega Paul MacCready—. Durante todo el día uno tiene la mente ocupada, controlada por otra persona. En la escuela, en el trabajo, mientras miramos televisión... la mente de otro controla lo que piensas. Escapar de todo eso es realmente importante. Uno necesita relajarse en un sillón o subir al coche sin encender la radio... y permitir, simplemente, que la mente sueñe despierta.»

Wayne Silby, fundador del Calvert Group, uno de los primeros y más grandes fondos de inversión socialmente responsables, abordó de manera más deliberada el aprovechamiento de su inconsciente. Un cambio de las leyes bancarias estaba a punto de tornar obsoleta la principal herramienta de inversión que había utilizado el fondo. Mientras que los fondos como Calvert siempre habían ofrecido cuentas de *money market* a una tasa de interés más alta que la de cualquier banco, de pronto éstos también podrían ofrecer el mismo tipo de inversión. La principal ventaja competitiva de Calvert —y de todos los fondos de inversión similares— estaba a punto de esfumarse.

De manera que, para meditar en el problema, Silby se sumergió en un tanque de privación sensorial, en el cual se apagan todos los sonidos, imágenes y otros estímulos. «Necesitas disponer de un espacio en el que callen tu parloteo mental y todas las críticas y altoparlantes de tu mente con respecto a lo que eres y a lo que estás haciendo. Entonces puedes entrar en contacto con una parte más profunda de ti mismo, capaz de revelarte cosas.»

En el tanque de aislamiento se le ocurrió una solución: un nuevo instrumento financiero que permitiría a Calvert cooperar, más que competir, con los bancos. Resumiendo, el instrumento permitió que Calvert canalizara el dinero de sus inversores en un grupo de unos doce Bancos que ofrecían las tasas de interés más elevadas. Los clientes obtuvieron el mejor rédito sobre sus fondos, mientras que los bancos dieron a Calvert una bonificación extra. Resultado: logró mantener un giro de negocios cercano a los mil millones de dólares.

Iluminación

Con suerte, la inmersión y el soñar despierto llevan a la iluminación, cuando de repente se te ocurre la respuesta como salida de la nada. Ésta es la etapa que en general se lleva toda la gloria y la atención. Es el momento que la gente anhela y ansía, aquel en que exclamamos: «¡Eureka!»

Pero el pensamiento solo —aunque sea todo un hallazgo revelador— todavía no es un acto creativo. La etapa final es la traducción, es decir, cuando tomas tu idea y la transformas en acción. Traducir tu iluminación en realidad convierte tu gran idea en algo más que un simple pensamiento pasajero; la idea se vuelve útil para ti y para los demás.

Cualquier modelo de las etapas del proceso creativo constituye sólo una aproximación tosca a un proceso que en realidad es muy fluido y puede seguir una diversidad de rumbos. Un escritor o artista podrá experimentar una serie continua de iluminaciones que lo llevarán desde el comienzo hasta el final de la obra. Un inventor quizá dedique la mayor parte de su tiempo de trabajo a la preparación y ejecución: ese noventa por ciento del genio que, como nos dijo Edison, es transpiración, no inspiración.

Más a menudo, en el curso de una creación compleja, como escribir un guión cinematográfico o proyectar un edificio, el acto de creación es una larga serie de actos, con múltiples y sucesivas preparaciones, frustraciones, incubaciones, iluminaciones y traducciones a la acción.

Noticias del paso creativo

El espíritu creativo ha vuelto a las andadas, en esta oportunidad en una noche fría de 1865. El químico Friedrich Kekulé acaba de descubrir la esquiva estructura de la molécula de benceno, un importantísimo hallazgo para la química orgánica. Kekulé atribuye su descubrimiento —y tendremos que confiar en su palabra— a una visión que experimentó mientras soñaba despierto.

El señor Kekulé informó que, después de un largo día de reflexión, estaba relajándose frente al fuego, mientras contemplaba las brasas que volaban en el hogar en esquemas circulares. Dice que entonces cayó en una suerte de ensueño, y que mientras semidormitaba comenzó a ver que las chispas bailaban como formando una serpiente. De pronto formaron un círculo remolineante, como si fueran una serpiente mordiéndose la cola. Kekulé afirma que entonces despertó de golpe con una imagen nueva y precisa de la estructura de una molécula de benceno: ¡un anillo!

El enfoque de Kekulé en cuanto a la solución de problemas: Piensa mucho; luego relájate y permítete soñar.

GRANDES VISIONES
Y PEQUEÑOS ARMARIOS

Nuestra vida puede estar llena de momentos creativos, hagamos lo que hagamos, mientras seamos flexibles y estemos abiertos a nuevas posibilidades: dispuestos a ir más allá de la rutina. Consideremos las miles de caras de la creatividad:

- Ideas revolucionarias, como los trueques de deudas por tierras que salvan bosques tropicales al tiempo que ayudan a países empobrecidos, o la teoría de la relatividad, o el concepto de la ingeniería genética.
- La expresión imaginativa de amor y compasión: «comedores sobre ruedas» que llevan comida a los inválidos, salas de parto improvisadas, la Colcha del sida.* la estrategia de Gandhi de protestar contra la injusticia por medio de la no violencia.
- Grandes visiones de esperanza y verdad que muestran el camino a otros: la Declaración de Derechos (acta de las 10 primeras enmiendas a la constitución de Estados Unidos, aprobadas en 1791) Y el Discurso de

---

* La Colcha recordatoria del sida es el más vasto proyecto artístico del mundo. Está formada por unos 43.000 paños de color (que miden alrededor de noventa centímetros por un metro ochenta, es decir el tamaño de una tumba humana); cada uno de ellos recuerda a una persona que murió a causa de esta enfermedad. A medida que el sida cobra nuevas víctimas, la Colcha continúa creciendo y recordando a las decenas de miles de personas cuyos nombres se han bordado en la tela, así como dando testimonio del dolor, el amor y la esperanza de los que hacen los paños. *(N. de la T.)*

Gettysburg de Martin Luther King, que empezaba con las famosas palabras: «Yo tengo un sueño.»

- Ideas brillantes que te sacan de un apuro, como encontrar la manera de ampliar en un metro y medio el armario de tu dormitorio o cómo encontrar un momento del día para hacer ejercicios sin renunciar al resto de las cosas que debes —o te encanta— hacer.

Ya sean grandes o pequeños, cada uno de estos ejemplos apunta a la esencia de un acto creativo: uno que es a la vez original y atinado. Una innovación es algo diferente de lo que se ha hecho antes... pero eso no basta: no puede ser simplemente extravagante o excéntrico. Debe «funcionar». Para ser creativo, de algún modo debe ser apropiado, útil, valioso, significativo.

La expresión cotidiana de la creatividad a menudo adopta la forma de probar un nuevo enfoque con respecto a un dilema conocido. Dice la doctora Teresa Amabile, psicóloga de la universidad Brandeis que investiga sobre la creatividad: «En el trabajo, un gerente que se encuentra con una relación difícil entre dos empleados puede tener creatividad en la forma que maneje el problema. Puede lograr que esos empleados conversen las cosas desde una perspectiva nueva, o quizá poner a trabajar con los dos a una tercera persona, o idear un modo práctico de separarlos físicamente. No es un logro de creatividad que vaya a ganar un premio Nobel, pero es algo nuevo y sirve.»

Creatividad y liderazgo

No obstante, no basta con que sea sólo original y útil: una dimensión importante de la creatividad —en especial los esfuerzos que influyen en los demás y por los cuales la gente se hace famosa— es el público. El acto creativo tiene una dimensión social de importancia crucial.

«Ser creativo significa que haces algo que, ante todo, es fuera de lo común, opina Howard Cardner, psicólogo evolutivo de la Universidad de Harvard. Pero también tiene bastante sentido, aunque se trate de algo poco acostumbrado, que los demás lo tomen en serio. Es decir, yo podría hablar estando cabeza abajo, y eso sería insólito pero, a menos que yo y otra gente encontráramos alguna utilidad a ese gesto, no podrían llamarme creativo por eso.

»Sin embargo, si, digamos, en esa posición yo encontrara algún modo de transmitir el doble de información en la misma cantidad de tiempo y lograra que los otros la disfrutaran más, eso sería creativo. E incluso si fuera algo muy inusual, lograría popularidad porque es algo efectivo.»

En suma, la manera en que es recibido un esfuerzo creativo marca una diferencia. Sin embargo, puede argumentarse que una buena parte de la creatividad del mundo tiene lugar en forma anónima en momentos privados, sólo por el mero placer que da, o por la alegría de utilizar el propio talento de maneras eficaces o hermosas. Un arreglo floral en la sala, un poema en un diario íntimo o un barco en escala construido con ingenio puede expresar creatividad y no contar nunca con más público que su creador.

Pero para cada acto de creatividad destinado a hacer un impacto más grande es necesario que haya un público apropiado. En la física de alto nivel ese público consiste en unas docenas de pares científicos; en la pintura podría ser una cantidad variable de dueños de galerías de arte, críticos y aficionados al arte. Las opiniones de estos públicos cuentan mucho más en la evaluación de la creatividad que las de millones de otras personas que no poseen experiencia alguna en el campo en cuestión. Desde luego, esto no significa que los críticos sean el árbitro último de un acto de creatividad. Por ejemplo, los críticos «sofisticados» de la época vituperaron a muchos de los más grandes pintores, incluidos Monet y Van Gogh.

En verdad, muchas de las personas más creativas del mundo han debido pasar años consagrados con afán a su trabajo en solitaria vigilia, acosados por personas que se oponían a ellas con actitudes negativas. Virtualmente ninguno de los grandes hombres y mujeres cuyo impulso creativo ha transformado la disciplina en que trabajaban conoció la aceptación de los demás desde el principio. La mayoría sufrió ataques, pero en el fondo de su corazón sabían que aun así iban por buen camino.

Los esfuerzos creativos que «prenden» en un ámbito dado deben resultar persuasivos para los demás. En opinión del profesor Dean Simonton, esta dimensión social torna la creatividad comparable al liderazgo: «Un líder de éxito es alguien capaz de persuadir a la gente de que cambie sus ideas o su comportamiento. Un creador de éxito es alguien que brinda a otras personas una manera diferente de ver el mundo.

»Puede ser una manera diferente de sentir el mundo si se trata de creatividad en las artes, como en la poesía o la pintura, o una manera diferente de entender el mundo si es en las ciencias —agrega Simonton—. Pero en cualquier caso la creatividad no es algo que esté por entero dentro del individuo; implica también alcanzar a otras personas. Es un hecho social, no sólo psicológico. La creatividad no es algo que uno mantenga guardado en un armario; surge a la existencia durante el proceso de relacionarse con los demás.»

Ser creativo en X

El entorno social de la creatividad es en general el campo o ámbito en que uno se desempeña. Dice Howard Gardner. «Una persona no es creativa en general; no se puede decir que una persona sea "creativa". Debemos decir que es creativa en X cosa, ya sea en escribir, enseñar o dirigir una organización. La gente es creativa en algo.»

La creatividad no es una sola habilidad que una persona pueda emplear en cualquier actividad. Según Gardner, «la creatividad no es una especie de fluido que pueda manar en cualquier dirección. La vida de la mente se divide en diferentes regiones, que yo denomino "inteligencias", como la matemática, el lenguaje o la música. Y una determinada persona puede ser muy original e inventiva, incluso iconoclásticamente imaginativa, en una de esas áreas, sin ser particularmente creativa en ninguna de las demás».

Esto lleva a Gardner a considerar al individuo creativo como «alguien que regularmente es capaz de resolver un problema, o a quien puede ocurrírsele algo original que se convierta en un producto valorado en un ámbito dado.» La definición de creatividad dada por Gardner es diferente de las que se encuentran en la mayoría de libros de texto de psicología. En dichos libros se describe la creatividad como una suerte de talento global, y esta visión suele ir acompañada por la noción popular de las pruebas prácticas destinadas a establecer, en pocos minutos, la medida de la creatividad de una persona.

De acuerdo con Gardner, la visión de la creatividad según los libros de texto «no tiene el menor sentido. Creo que se debe observar a una persona trabajando durante un tiempo en un ámbito particular, ya sea el ajedrez, el piano, la arquitectura o el intento de iniciar un negocio o coordinar una reunión. Y uno tiene que ver qué hace esa persona cuando surgen problemas, y cómo es recibida la solución que propone. Entonces se puede emitir un juicio sobre si esa persona es creativa o no».

«Ahora bien, la persona creativa —continúa Gardner— tiene que poder hacer ese tipo de cosa con regularidad. No es algo fugaz, que ocurra una sola vez. Es un estilo de vida. Las personas creativas están siempre pensando en los ámbitos en que trabajan. Viven sondeando. Viven diciendo: "¿Qué es lo que tiene sentido aquí, y qué es lo que no tiene sentido?" Y si no tiene sentido: "¿Puedo hacer algo para cambiarlo?"»

C mayúscula y c minúscula

Existe creatividad cuando se reúnen algunos elementos clave: originalidad, oportunidad y un público receptivo en su ámbito.

Este último elemento, el público, se aplica principalmente a la creatividad «con C mayúscula», es decir, los logros deslumbrantes de los genios. Pero muchos no nos consideramos muy creativos, porque no tenemos un gran público para lo que hacemos. De hecho, nos concentramos demasiado en la creatividad «con C mayúscula» y pasamos por alto las maneras en que cada uno despliega talento e imaginación en su vida.

«Nos hemos vuelto limitados en cuanto a las formas de considerar la creatividad —observa Teresa Amabile—. Tendemos a pensar que la creatividad es algo inalcanzable: son creativos los artistas, los músicos, los poetas y los cineastas. Pero una *chef* muestra creatividad en su cocina al inventar una variación de una receta. Y un albañil muestra creatividad cuando piensa una manera nueva de disponer los ladrillos o de hacer el mismo trabajo con menos materiales.»

Aun así, mucho de lo que sabemos sobre nuestro tema proviene del estudio de los gigantes creativos. Howard Gardner, que ha estudiado a los genios creativos que trabajaron a principios de este siglo, observa:

«Lo asombroso de Albert Einstein o Sigmund Freud o Virginia Woolf o Martha Graham, es que no sólo hicieron algo nuevo. En realidad cambiaron para siempre el campo o ámbito en que trabajaban. Pero sin una curiosidad y pasión iniciales, que todas estas personas tuvieron desde temprana edad, y sin años de dedicación, en que realmente llevaron la danza o la pintura o la física hasta donde lo habían hecho otros, jamás habrían experimentado el tipo de hallazgo creativo que cambia todo un ámbito.»

Gardner cree que lo que se aplica a los creadores con C mayúscula también es aplicable al resto de las personas. Todos tenemos inclinación por un ámbito en particular. «Toda persona tiene un interés especial en ciertas áreas —afirma Gardner—. Podría tratarse de algo que hacen en el trabajo: la manera en que escriben memorandos o ejercen su oficio en una fábrica, o la forma en que dan una clase o venden algo. Después de trabajar cierto tiempo pueden llegar a destacar en lo suyo, tanto como cualquiera a quien conozcan en su mundo inmediato.

»Ahora bien, muchas personas se contentan sólo con hacer bien lo suyo, pero yo no emplearía la palabra "creativo" para describir este nivel de trabajo.»

Sin embargo, hay otros para quienes no basta con esto; necesitan ser creativos. «No se sienten bien simplemente haciendo las cosas como marca la rutina —explica Gardner—. Entonces, se imponen pequeños desafíos, como preparar una comida de manera un poco diferente de como la han hecho hasta el momento.

»Digamos que este año decides arreglar el jardín de un modo ligeramente distinto. O, si eres docente, te dices: "Estoy harto de escribir los informes de los alumnos igual que siempre. En lugar de eso, este año entregaré antes los informes y dejaré que los chicos participen con sus propias opiniones".

»Nada de esto te hará aparecer en la enciclopedia. No es probable que cambies la práctica habitual de la jardinería, la cocina o la docencia. Pero estás yendo más allá de la rutina y lo convencional, y eso te da una clase de placer muy análogo al que sienten los creativos con C mayúscula.»

El estofado de la creatividad

La vida cotidiana es una de los principales escenarios para desarrollar y aplicar la innovación y la solución de problemas: el dominio mayor, pero menos celebrado, del espíritu creativo. Como dijo Freud, dos sellos distintivos de una vida sana son las capacidades de amar y de trabajar. Ambas requieren imaginación.

«Ser creativo es parecido a hacer un estofado —dice Teresa Amabile—. En la creatividad hay tres ingredientes básicos, como los hay también en un estofado para ser verdaderamente sabroso.»

El ingrediente esencial, algo semejante a los vegetales o la carne del estofado, es la pericia en un área específica, las habilidades en el propio ámbito de actividad. Estas habilidades representan tu dominio básico de un campo. Poseer estas habilidades significa que sabes, por ejemplo, escribir música, usar con destreza un programa gráfico de computadora o realizar experimentos científicos.

«Nadie hará algo creativo en física nuclear si no sabe algo, y probablemente mucho, de física nuclear —observa Amabile—. Del mismo modo, un artista no será creativo si no tiene las habilidades técnicas que se requieren, digamos, para hacer grabados o mezclar colores. Los ingredientes de la creatividad comienzan con la habilidad en el ámbito propio, con la pericia.»

Muchas personas poseen aptitud para algo. «El talento es la propensión natural para producir un trabajo importante en un ámbito particular —continúa Amabile—. Por ejemplo, es altamente improbable que, con un entrenamiento musical como el que recibió Mozart, cualquier niño acabaría produciendo una obra como la que él produjo. Había algo que Mozart tenía desde el principio, que facilitaba su capacidad de escuchar música, comprenderla y poder producir tanto, y tan bien, a edad tan temprana.»

Pero sin entrenamiento en las habilidades propias de un ámbito, hasta el talento más promisorio languidecerá. Y con el debido desarrollo de esas habilidades, hasta un talento mediano puede convertirse en la base de la creatividad.

El segundo ingrediente del estofado es lo que Amabile denomina las «habilidades de pensamiento creativo»: es decir, las maneras de abordar el mundo que te permitan encontrar una posibilidad nueva y verla hasta su plena ejecución. «Éstas son como las especias y las hierbas que usamos para dar sabor a los ingredientes básicos de un estofado —prosigue Amabile—. Hacen que los sabores sean únicos, ayudan a la combinación de los ingredientes básicos para producir algo diferente.»

Estas habilidades de pensamiento creativo incluyen la de imaginar una variada gama de posibilidades, la de ser persistente en el enfoque de un problema y la de guiarse por pautas elevadas de trabajo. «También incluyen la habilidad de dar vuelta las cosas en la mente, para tratar de convertir en conocido lo extraño y extraño lo desconocido —agrega Amabile—. Muchas de estas habilidades tienen que ver con ser una persona independiente: estar dispuesto a correr riesgos y tener el valor de intentar algo que nunca se ha hecho antes.»

Otra variedad de estas habilidades tiene que ver con la posibilidad de intuir la manera de nutrir el proceso creativo en sí; por ejemplo, saber cuándo dejar de lado un problema para que incube durante un tiempo. Si una persona posee sólo habilidades técnicas en un ámbito —el primer ingrediente— pero ninguna habilidad de pensamiento creativo, el estofado saldrá soso y sin sabor.

Por último, el elemento que en realidad cuece el estofado creativo es la pasión. El término psicológico para esto es «motivación intrínseca», o sea el impulso de hacer algo por el mero placer de hacerlo, más que por cualquier premio o compensación. El tipo opuesto de motivación —extrínseca— es aquella que nos hace realizar algo porque debemos hacerlo, no por el placer que podría darnos. Lo hacemos para obtener una recompensa, para complacer a alguien o para obtener una buena evaluación profesional.

La creatividad comienza a cocerse cuando la persona está motivada por la pura dicha de lo que está haciendo. A un físico ganador de un premio Nobel —recuerda Amabile— le preguntaron qué creía él que marcaba la diferencia entre los científicos creativos y los no creativos. El hombre respondió que la diferencia residía en si el trabajo que realizaban era o no «una labor de amor».

Los científicos más exitosos y revolucionarios no son siempre los más dotados, sino aquellos movidos por una intensa curiosidad. En cierta medida, una fuerte pasión puede compensar la falta de talento innato. La pasión «es como el fuego que cuece el estofado —dice Amabile—. Es lo que en verdad calienta todo, mezcla los sabores y hace que las especias combinen con los ingredientes básicos para producir algo que sabe de maravillas».

Afinidad y persistencia

La creatividad comienza con la afinidad con algo. Es como enamorarse. «Lo más importante, al principio, es que un individuo sienta algún tipo de conexión emocional con algo», afirma Howard Gardner.

La fascinación de Albert Einstein por la física comenzó cuando tenía apenas cinco años, mientras se hallaba en cama, enfermo. El padre le llevó de regalo una pequeña brújula. Einstein permanecía durante horas mirando embelesado la aguja que señalaba infaliblemente hacia el norte. Cuando tenía cerca de setenta años, declaró: «Esta experiencia marcó en mí una impresión honda y duradera. Tenía que haber algo profundamente oculto detrás de las cosas.»

Gardner cree que tales momentos de la infancia constituyen una clave para la comprensión de las vidas creativas. «Sin ese amor y esa conexión emocional iniciales, creo que las probabilidades de realizar más adelante un buen trabajo creativo son mínimas —comenta—. Pero la fascinación inicial en sí misma no basta. En esencia te empuja a dar pasos para aprender más sobre aquello que al principio te interesa, y descubrir sus complejidades, sus dificultades, sus fortalezas y sus oscuridades.»

De ese amor inicial por hacer algo nace el empeño. Las personas a quienes les gusta apasionadamente lo que hacen no se rinden con facilidad. Cuando llega la frustración, persisten. Cuando los demás se muestran resistentes a su innovación, ellas siguen adelante de todos modos. Como dijo Thomas Edison «¡El genio es perseverancia!».

Sorda y ciega, Helen Keller vivía aislada del mundo y el contacto humano hasta que apareció Anne Sullivan. La creatividad de Sullivan residía en su pasión y su negativa a darse por vencida. Estaba dispuesta a obstinarse en su determinación de llegar a Helen.

Años más tarde, Helen Keller evocó ese primer momento en que la persistencia, el amor y la pasión dieron frutos:

«Mi maestra, Anne Mansfield Sullivan, trabajó conmigo casi un mes para enseñarme los nombres de una cantidad de objetos. Me los ponía en la mano, deletreaba los nombres con sus dedos y me ayudaba a formar las palabras.

»Pero yo no tenía la menor idea de lo que ella estaba haciendo. No sé qué pensaba. Sólo tengo un recuerdo táctil de mis dedos haciendo esos movimientos y cambiando de una posición a otra.

»Un día me dio una taza y deletreó la palabra. Después puso un líquido dentro de la taza y deletreó: A-G-U-A.

»Dice que mi expresión fue de perplejidad. Yo confundía las dos palabras, y deletreaba "taza" por "agua" y "agua" por "taza".

»Al fin me enfadé, porque la señorita Sullivan seguía repitiendo las palabras una y otra vez. Desesperada, me llevó a donde estaba la bomba de agua cubierta de hiedra y me hizo sostener la taza bajo el grifo mientras ella bombeaba.

»En la otra mano me deletreó A-G-U-A enfáticamente. Yo me quedé inmóvil, todo mi cuerpo y mi atención fijos en los movimientos de sus dedos. Mientras el agua fría me corría por la mano, experimenté de repente una extraña agitación en mi interior, una conciencia brumosa, una sensación de algo recordado.

»Fue como si hubiera vuelto a la vida después de estar muerta.»

La creatividad no tiene edad

El potencial de creatividad está siempre presente. La creatividad no tiene por qué disminuir a medida que avanza la vida. «A veces, al envejecer, la pintura vieja se vuelve transparente —escribió Lillian Hellman—. Cuando eso ocurre, en algunos cuadros es posible ver las líneas originales. Se ve un árbol a través del vestido de una mujer. Un niño deja lugar a un perro. Y un gran barco ya no está en un mar abierto. A eso se le llama *"pentimento"*, porque el pintor se arrepintió, cambió de idea. Tal vez se pudiera decir que la vieja concepción fue reemplazada por una elección posterior. Es una manera de ver, y luego ver de nuevo.»

Bill Fitzpatrick redescubrió su creatividad en el final de su vida. Él es la prueba de que aquello con que nacemos está siempre ahí: que uno puede verlo y luego verlo de nuevo. Él comenzó a pintar después de jubilarse, la pintura era algo que le había gustado mucho en su juventud. Ahora, pasados los ochenta años, Fitzpatrick ha ganado numerosos premios por sus acuarelas.

«Conozco mucha gente que se limita a sentarse a esperar al empleado de la funeraria —dice Fitzpatrick—. Creo que la gente que está por jubilarse debería dedicarse a buscar algo que ocupe su tiempo, su esfuerzo y sus pensamientos.

»Tengo ochenta años, pero no pienso en que tengo ochenta años... Soy una especie de cincuentón tieso y achacoso. Creo que es importante vivir así; de lo contrario vegetas.»

De niño, Fitzpatrick pensaba que llegaría a ser artista. Pero entonces vino la Depresión de los treinta. Como tantos otros, aceptó el mejor empleo que pudo encontrar. Y así, durante treinta y un años trabajó como chófer para la empresa Nabiscus. Pero durante todo ese tiempo continuó con la pintura, encontrando momentos libres en las largas horas de trabajo. Fue por eso que empezó a pintar acuarelas: eran fáciles de llevar de un sitio a otro y de disponer. Cuando se jubiló tomó esa actividad más en serio y empezó a participar en muestras.

«La gente dice: "Si tuviera talento para dibujar..." Y yo les digo que lo tienen. Porque, una vez que sientes el impulso y empiezas, después es todo mecánico. Lo único que no es mecánico es la creatividad que empleas para resolver tus problemas.

»La creatividad es muy importante en la vida de uno: te da diversidad. Si eres creativo, pruebas diferentes maneras de hacer las cosas. Si eres creativo, desde luego, cometes montones de errores. Pero si tienes la valentía de continuar a pesar de tus errores, obtendrás la respuesta.

»Yo sigo adelante y no tengo tiempo para pensar en mis problemas. Poseo una habilidad. Una vez que has perdido eso, creo que más te vale preparar las maletas. Lo principal es, sencillamente, ¡no envejecer!»

Erik Erikson, el psicólogo que definió las etapas del crecimiento personal a lo largo de la vida, describió el triunfo de la última etapa de la existencia como «una inmensa generatividad»: una profunda preocupación por la generación más joven y las que aún no han nacido. La inmensa generatividad es un enfoque sabio y creativo de enriquecer a los demás, una afirmación de la vida ante la inevitabilidad de la muerte. A menudo, la comunidad en general es la beneficiaria de la persona mayor generadora.

Mary Stoneman Douglas, que en la actualidad tiene cien años de edad y está ciega, continúa su batalla por salvar los Everglades (zona pantanosa del estado de Florida). Comenzó su cruzada hace casi un siglo, mucho antes de que se iniciara el movimiento ambientalista de hoy, con su libro *Rivers of Grass*. En 1947 mostró que los Everglades eran un vasto aunque frágil ecosistema que ya comenzaba a degradarse a causa del riego agrícola y sufría la invasión de los constructores de viviendas. Educando a recién llegados al estado acerca del constante peligro que corría la zona de los pantanos, la señora Douglas fundó Friends of the Everglades, en la actualidad se dedica a terminar su décimo libro sobre el tema. «Un cerebro de noventa años no tiene nada de inherentemente defectuoso —escribió en su autobiografía, *Voices of the River*, publicada en 1987—. Si lo mantienes alimentado e interesado, comprobarás que se conserva en muy buen estado.»

Pablo Picasso dijo: «La edad sólo importa cuando uno envejece. Ahora que he llegado a una edad avanzada, bien podría tener veinte años.» El espíritu creativo, lejos de declinar con la edad, puede en realidad ganar fuerza y vigor cuando una mujer o un hombre mayor —cara a cara con la perspectiva de la muerte inminente— se concentra en lo que en verdad importa.

Un programa para fortalecer tu creatividad

El dramaturgo Molière cuenta la anécdota de un campesino que preguntó qué era la prosa y quedó asombrado al descubrir que había hablado en prosa toda su vida. Lo mismo ocurre con la creatividad, de la cual la mitad del mundo cree que es una cualidad misteriosa que posee la otra mitad. Un buen número de investigaciones indican, sin embargo, que todos somos capaces de hacer uso de nuestro espíritu creativo. Esta sección, que continúa a lo largo de todo el libro, presenta un modesto programa que puedes utilizar a tu propio modo, a tu propio ritmo, para volverte más creativo en lo que haces. No nos referimos sólo a tener mejores ideas. Hablamos de una suerte de conciencia general que te lleve a un mayor disfrute de tu trabajo y de las personas que te rodean: un espíritu capaz de mejorar la colaboración y la comunicación con los demás.

El ejercicio y las pautas guía que ofrecemos se basan en un principio simple: tu creatividad aumenta a medida que tomas más conciencia de tus propios actos creativos. Cuanto más puedes experimentar tu propia originalidad, tanta más confianza obtienes y mayores son las probabilidades de que seas creativo en el futuro. Estos ejercicios se han desarrollado en clases de creatividad de la Universidad de Stanford. En los últimos trece años los han practicado miles de personas de toda condición de todo el mundo.

Algo que hemos aprendido es que la creatividad no es sólo un juego mental. Las relaciones entre pensamiento y sentimientos, entre mente y cuerpo, son de importancia crítica para liberar la creatividad.

Las tensiones que entorpecen el fluir de las ideas

$\longrightarrow$

en la mente son análogas a las tensiones que entorpecen el flujo de sangre en los músculos del cuerpo. Según nuestra experiencia, el simple acto de la relajación física —«soltarse»— libera la mente para que se abra a nuevas ideas. La meta de muchos de los ejercicios de este programa es alentar la idea de que la mente y el cuerpo constituyen un solo depósito de nuestro espíritu creativo.

Estos ejercicios fortalecen la «habilidad del pensamiento creativo» que se describe en la página 36. Son un complemento necesario para las habilidades que necesitas para sobresalir en el ámbito o campo específico en que trabajas. Para comenzar el programa, pasa al siguiente recuadro.

Revivir el momento del «¡Eureka!»

Comienza ya mismo este ejercicio básico. Lo llamaremos el ejercicio de la «Gran idea» Para éste y los demás ejercicios quizá desees grabar las instrucciones para volver a pasarlas luego, o pedirle a un amigo que te las lea. Cuando haya instrucciones que alguien deba leerte o que debas grabar, verás este símbolo: •.

También te sugerimos que lleves un diario, para que puedas analizar el proceso y reflexionar sobre él. Si no quieres aplicar este método, toma notas en tu agenda o en un cuaderno. Escribir sobre tus experiencias aumenta la probabilidad de revisarlas y revivirlas. Cuando empiezas a prestar más atención a tu propia creatividad, ésta tiende a convertirse en un hábito beneficioso.

- Siéntate en una posición cómoda, con la espalda recta pero no rígida, los pies totalmente apoyados en el suelo y las manos en el regazo. Cierra los ojos y respira hondo de la siguiente manera: aspira hasta sentir que el aire te llega al vientre y te llena los pulmones, de modo que se expandan primero el vientre, luego la caja torácica y después el pecho, y puedas sentir que el aire llena tu cuerpo hasta los hombros.

Mantén el aire un momento y luego comienza a soltarlo, empezando por el vientre y siguiendo por los hombros.

Haz esto dos veces más, cada vez conteniendo el aliento unos segundos más entre la inhalación y la exhalación.

Puedes utilizar la respiración profunda en cualquier momento del día en que empieces a sentir estrés y desees calmar tu mente para ser más creativo.

Ahora vuelve a la respiración normal. Mientras respiras, verás que hay una pausa de una fracción de segundo entre inspiración y espiración. Después de aspirar profundamente, hay otra pausa antes de que empieces a exhalar.

Después hay otra pausa más antes de que comiences a inhalar. Sigue reparando en estas pausas entre la entrada y la salida del aire. Para intensificar tu conciencia, prueba contar en silencio, para tus adentros: «Uno, dos, tres...» durante el breve lapso entre respiraciones. Haz esto durante unos minutos más, sabiendo que puedes repetirlo siempre que quieras tranquilizar tu mente, en cualquier momento en que sientas esa necesidad.

Ahora, en el espacio abierto de tu mente serenada, recuerda alguna vez en que hayas tenido una gran idea, una que haya solucionado un problema o resuelto una situación problemática. Podría ser una ocasión en que calmaste imaginativamente un enconado antagonismo entre dos amigos o cuando se te ocurrió una forma ingeniosa de proteger de los niños una sala de estar llena de antigüedades. Continúa con los ojos cerrados.

No es necesario que alguien considere también que esta idea era particularmente importante, pero debe haber sido significativa para ti. Puede haber sucedido hace años u hoy mismo. El único requisito es que hayas sentido que tuviste una gran idea.

Comienza a revivir mentalmente todo el episodio en que tuviste esa idea. Empieza por considerar el momento anterior a que se te ocurriera la idea, cuando tenías el problema pero no la solución. ¿Cómo era? ¿Cómo te sentías?

Ahora revive lo sucedido cuando se te ocurrió la idea, el momento del ¡eureka! ¿Cuáles eran las condiciones en que tuvo lugar el hallazgo? Tómate un momento para saborear ese instante.

A continuación, evoca cómo pusiste tu idea en acción y el efecto que esa idea tuvo en cuanto a resolver el problema.

Mientras continúas sentado, busca en tu memoria otras ideas y soluciones a problemas que hayas experimentado en tu vida, aunque en ese momento no los hayas considerado particularmente creativos. Márcalos mentalmente como lo que en realidad fueron: innovadores y útiles.

Cuando estés listo, abre los ojos.

Puedes beneficiarte mucho si dispones de un rato cada día para practicar este ejercicio. La idea consiste en desarrollar el hábito de prestar atención a tu propia creatividad. Al final llegarás a tener más confianza en ella y en forma instintiva recurrirás al ejercicio cuando te enfrentes con un problema.

Quizá desees también hablar de tus momentos creativos con alguien cercano a ti, alguien en quien confías. Este tipo de intercambio franco suele producir un entusiasmo asombroso; probablemente se deba a que estás hablando de algunos de los momentos más ricos y cargados de emoción de tu vida.

Soltarse

Cuando las personas reflexionan sobre esas ocasiones en que han sido plenamente creativas y expresivas, a menudo las describen como una experiencia de «soltarse». (Véase el tema del fluir y los «momentos blancos», en la p. 61.) En ese momento en que nos soltamos es cuando ocurre la creatividad.

Puede suceder mientras realizamos un ejercicio vigoroso o cuando nos concentramos en una tarea sencilla y repetitiva. Podría acontecer simplemente cuando te adormeces, mientras duermes o poco antes de despertar. Muchos descubren que viven habitualmente una iluminación útil mientras se duchan. Otros tienen que tomarse unas vacaciones, aunque sean breves, para soltarse lo suficiente para liberar su creatividad. Meditar, estirarse, tocar un instrumento, bailar, respirar profundamente: éstas son otras formas en que algunos se libran a su propia creatividad.

Los dos enfoques siguientes también pueden ayudar a apartarte de lo que te impide soltarte.

- Soltarte físicamente. Siéntate en una silla, con las manos descansando cómodamente sobre las piernas. Estira las piernas y mantenlas así mientras sucesiva y regularmente tensas la pelvis, la caja torácica, los hombros, el cuello y la mandíbula. Mantén todas estas partes tensas un momento. Ahora relájate.

Acabas de soltarte. ¿Cómo te sientes?

- Soltarte mentalmente. Imagina que algo que llevas mentalmente contigo a todas partes —una fuerte emoción, creencia o pensamiento que te bloquea— está representado por una ropa u objeto que llevas puesto. Puede ser un zapato, un reloj, un anillo, una bufanda, una pulsera, una corbata. Imagina sin la menor duda que este bloqueo mental está contenido por entero dentro del artículo que llevas puesto. Ahora el pensamiento y el artículo se han fundido en uno solo. Luego: ¡quítatelo!

Observa lo que experimentas al soltarte de ese obstáculo mental.

VIDAS Y TÁCTICAS CREATIVAS

*Una persona que nunca cometió un
error jamás probó nada nuevo.*

ALBERT EINSTEIN

Parte de la creatividad reside en nuestra manera de ver.
Cuando el biólogo Alexander Fleming volvió de unas vacaciones y se encontró con que las bacterias en uno de sus dis-
cos de Petri habían muerto, no lo vio simplemente como un
traspié experimental trivial, como habrían hecho la mayoría
de sus colegas. En lugar de ello, reconoció que allí había
ocurrido algo importante, aunque no se trataba en absoluto
de lo que él estaba buscando. De su investigación de ese «ac-
cidente» surgió el descubrimiento de la penicilina.

El hallazgo de Fleming ilustra lo que Robert Sternberg,
psicólogo de Yale, denomina «codificación selectiva», la habilidad de separar la información importante de la irrelevante. La mayor parte de la información que reúne la gente acerca de un problema es de poca o nula utilidad, mientras que
otra parte es absolutamente crucial; la clave del pensamiento creativo radica en ser capaz de detectar la «señal» relevante entre el «ruido» irrelevante.

Otro camino hacia la iluminación creativa es lo que Sternberg denomina «combinación selectiva», es decir, ver una
forma de combinar la información relevante una vez que ha
sido detectada. Es posible reunir todas las piezas correctas,
por el paso necesario es unirlas de una forma nueva.

Charles Darwin reunió datos que en su mayoría ya resultaban conocidos para otros científicos de la época. Su original contribución consistió en organizarlos e interpretarlos de una manera que dieran sustentación a su teoría de la evolución.

Otra destreza útil para la creatividad es la habilidad de establecer comparaciones y analogías. Muchos hallazgos creativos son el resultado de yuxtaponer elementos o ideas que comúnmente no van juntos o de detectar un esquema oculto de conexiones entre las cosas. Las analogías y las comparaciones ayudan a poner las cosas en un contexto nuevo o a verlas de una manera por completo nueva.

En la Antigua Grecia, por ejemplo, Hierón, el tirano que gobernaba Siracusa, desafió a Arquímedes a decir si su corona estaba hecha de oro puro o el metal había sido adulterado. Arquímedes sabía cuánto pesaba el oro puro, pero la corona tenía forma irregular: ¿cómo podía utilizar ese único dato para resolver el acertijo sin fundir la corona? La respuesta llegó mientras él se bañaba. Según se cuenta, notó que, al meterse en la bañera, el agua subía; entonces gritó: «¡Eureka!», pues ahí estaba la solución: podía determinar el volumen de la corona midiendo el agua que aquélla desplazaba y luego multiplicando esa cantidad por el peso específico del oro puro.

«Hay que dar vuelta a las cosas cabeza abajo, ver el mundo de una manera diferente —afirma Peter Lissaman, uno de los pensadores de AeroVironments, una innovadora empresa de ingeniería responsable de una larga lista de invenciones—. Es como si tuvieras una hermosa alfombra persa, y ves una rosa carmesí en un extremo y un crepúsculo rojo intenso en el otro. Pero sólo cuando das vuelta a la alfombra reparas en que aquello que creías carmesí y aquello que creías rojo intenso están hechos con la misma lana y en realidad son el mismo color. Cuando buscas una solución creativa, ayuda mucho dar vuelta a un problema y mirarlo desde el otro lado. Entonces tal vez descubras las conexiones que han permanecido ocultas.»

Atreverse a ser ingenuo

La habilidad de ver las cosas de una manera nueva es de vital importancia para el proceso creativo; radica en las ganas de cuestionar cualquier supuesto.

Esta habilidad está personificada por Paul MacCready, uno de los más prolíficos inventores de Estados Unidos. Su logro más conocido es el *Gossamer Condor*, el primer avión propulsado con energía humana que consiguió volar más de un kilómetro y medio. Ese triunfo permitió a MacCready ganar un premio de 100.000 dólares, y a su avión, un lugar en la Smithsonian Institution junto al *Spirit of St. Louis* y al avión de los hermanos Wright.

«Es importante comenzar con una hoja de papel en blanco... para no tener preconceptos —dice MacCready—. Para diseñar el *Gossamer Condor*, tenía que hacer cuenta de que nunca había visto un avión. Tenía que figurarme cuál era la estructura de peso más liviana para hacer un ala de ese tamaño, y luego figurarme cómo la mantendría estable y cómo la propulsaría. Pero nada de esto debía ser hecho de la misma forma como se habían hecho otros aviones, porque la gente que diseña aviones corrientes enfrenta desafíos muy diferentes. Es bueno tener cierta inocencia y los ojos muy abiertos.

»Si sabes demasiado acerca de lo que no funcionó en el pasado y de lo que estimas que no puede funcionar, entonces no intentas tantas cosas. Yo tuve suerte: tenía una buena formación en aerodinámica pero ninguna en estructuras de aviones. De modo que me resultó fácil pensar en un avión muy ligero y muy sencillo, y ésta resultó ser una buena manera de atacar este problema en particular.

»El *Gossamer Condor* no tenía que volar alto ni rápido, de manera que nadie se haría daño si caía. Sólo necesitaba ser ligero. Por lo tanto, debía ser muy largo y fino, casi a punto de romperse. Y la única manera de saber que habías logrado el peso absolutamente mínimo era que el avión se rompiera de vez en cuando.

»Si no se rompía nunca, obviamente el avión era demasiado pesado, más fuerte de lo necesario. Por supuesto, si se rompía siempre, no podías cumplir tu misión. Pero si se rompía cada veinticinco vuelos, estaba justo. Y así fue como lo diseñamos. Ahora bien, aunque ésa es una manera terrible de diseñar un avión corriente, era muy buena para este vehículo en particular. Que se rompiera no era una falla, sino un éxito.»

Hacer la pregunta acertada es de crucial importancia para la iluminación creativa. Dice MacCready: «Una vez que has formulado la pregunta, a la gente pueden ocurrírsele las respuestas. Pero debes plantear el desafío apropiado.»

Einstein tenía la capacidad de hacer preguntas tan fundamentales que las respuestas transformaron nuestra comprensión del mundo físico. Según lo expresó el filósofo Alfred North Whitehead: «El análisis de lo obvio exige una mente muy fuera de lo común.» El prolífico inventor Buckminster Fuller lo expresó de manera más directa: «Atrévete a ser ingenuo.»

Mantener el sentido del humor

Hay una paradoja: aunque la creatividad exige arduo trabajo, el trabajo sale más fácilmente si lo tomas con cierta ligereza. El humor aceita las ruedas de la creatividad.

Esto se explica porque, cuando haces chistes, eres más libre de considerar cualquier posibilidad; después de todo, sólo estás bromeando. Divertirte te ayuda a desarmar al censor interior que tanto se apresura a condenar tus ideas por considerarlas ridículas. Es por eso que en las sesiones de intercambio de ideas en la ciencia y los negocios la regla operativa es que todo vale, y nadie puede desechar de inmediato una idea por demasiado absurda. La gente es libre de generar tantas ideas como puedan ocurrírsele, por muy locas que parezcan. Y en una de esas ideas a menudo se ha-

➡

lla la semilla capaz de crecer hasta convertirse en una solución innovadora.

Los investigadores informan que, cuando varios equipos de personas están trabajando juntos en un problema, los que más y con mayor frecuencia se ríen (dentro de ciertos límites, ya que no es posible solamente holgazanear) son más creativos y productivos que los más serios y formales. Hacer bromas es muy útil: el humor es en sí mismo un estado creativo. Como manifiesta el payaso Wavy Gravy: «Si no puedes reírte de algo, es que ya no es gracioso.»

El arte de escuchar

Reunir información precisa es esencial para las primeras etapas —preparación— del proceso creativo. Cuanta más cantidad de buena información tengas acerca de un problema, tanto mejores son las probabilidades de encontrar una solución. Cuando el desafío abarca a otras personas, el arte de mirar y escuchar es mucho más esencial aún.

Una sutil barrera para adquirir buena información puede ser nuestro papel social o profesional: ese personaje imponente que presentamos al mundo. Es decir, quien tratamos de ser puede interferir con lo que necesitamos saber. Uno de los papeles profesionales más intimidadores es el del médico. Sin embargo, la doctora Alexa Canady, neurocirujana pediátrica de Detroit, escucha con atención para ser más creativa en su trabajo. «Mi objetivo es ser la cordial neurocirujana del barrio —dice la doctora Canady—. Cuando la gente se entera de que eres neurocirujana, se levanta una barrera que debes superar. Cuando me ves como neurocirujana, te pones nervioso, olvidas qué querías decirme, tu tensión arterial se eleva, no puedes comunicarte conmigo porque estás intimidado.

No hay dos operaciones iguales

En la medicina existe amplio espacio para la iluminación creativa. Pese a la ciencia sólida en que se basa, la práctica médica también es un arte curativo con mucho espacio para la flexibilidad. «La gente tiene la noción de que la medicina es específica, que si alguien viene con X, entonces nosotros hacemos Y —dice la doctora Canady—. Si analizas racionalmente los tratamientos que aplicamos en alrededor del noventa y ocho por ciento de las cosas que hacemos, no existe ningún estudio controlado y comprobado que muestre que Y es mejor que Z. Los cirujanos llegan a ciertos enfoques mediante la experimentación.

»En la facultad de Medicina todo parece prolijo y rutinario, hasta que haces tu primera operación. Entonces te das cuenta de que ninguna operación es idéntica a otra, ni siquiera una sencilla como extraer el apéndice. Descubres que cada persona es única: es diferente la anatomía, es diferente la enfermedad. Y también es diferente cómo respondes tú, según lo que encuentres.

»Con las operaciones estás siempre probando, aprendiendo de cada intervención la manera de hacerlo un poco mejor, ampliando tu repertorio. Operar es divertido, por un par de razones. Es un momento en que puedes concentrarte plenamente en algo, sin interrupción. Y en la sala de operaciones hay camaradería. En un mundo en el que todos están trabajando juntos, dejas de lado el ego. Además es tu lugar donde tienes que ser creativo.

»Pienso que la creatividad es esencial en la vida. Puede mostrarse en cómo te relacionas con tus hijos o en tus pasatiempos... Creo que, para la mayoría de la

→

gente, la creatividad de su vida no está en el trabajo. Pero en algún lugar de tu vida debe haber una pasión. Tiene que haber algún deseo de progresar. Si no, ¿para qué vivir?»

»Pero en neurocirugía la mayoría de los diagnósticos se hacen mediante el conocimiento de la historia del que llega y observando al paciente y la manera en que se mueve. Y si se conduce de una manera anormal a causa de la situación incómoda en mi consultorio, entonces yo tengo menor percepción de lo que sucede. O está intimidado o demasiado nervioso, no me da la información que necesito.

»De modo que quiero que las personas se sientan cómodas, para que te hablen con franqueza, aunque crean que lo que te dicen es una tontería. A mí, más que revisarte, me interesa tener una conversación. No quiero que me veas como cirujana sino como persona.» Continúa la doctora Canady:

«Creo que en la medicina la parte más importante de la creatividad consiste en escuchar. Debes escuchar lo que el paciente te dice de verdad, más allá de lo que digan sus palabras. Debes escuchar lo que te dice la gente que trabaja contigo. Todos los que ven a un paciente tienen algo para decirte.

»La asistente de la enfermera puede decirte algo sobre el paciente. Nosotros tenemos aquí a una mujer maravillosa, May, que a lo largo de los años ha cuidado a montones de niños en estado de coma a causa de lesiones cerebrales. Cuando escuchas a May, sabes con exactitud qué ha estado haciendo el paciente y cuándo comenzará a despertar. Ella pasa muchas horas con ellos cada día, y tiene una noción mucho mejor que yo de su progreso, ya que yo sólo los veo unos quince minutos durante mis rondas.

»También escuchas a los padres, porque una de las cosas que descubrimos es que los pacientes que están en coma a menudo responden a sus padres mucho antes que a cualquier otra persona. Si te quedas junto a ellos y observas la relación que se da, es diferente: los niños en coma mueven un dedo para sus padres antes de hacerlo para otros.

»De modo que escuchas a cualquiera que sepa algo, porque necesitas toda la ayuda que puedas obtener.»

Aprender del riesgo

Las personas creativas no sólo están abiertas a nuevas experiencias de todo tipo, sino también dispuestas a correr riesgos. Jim Collins, incansable escalador, es también conferencista en la facultad de la Empresa de la Universidad de Stanford. Aunque dedicado a escalar, Collins pasa mucho tiempo en el campus de Stanford, entre las colinas plácidas de la península de San Francisco. Para permanecer en buena forma física cuando se encuentra lejos de los lugares donde escala, utiliza los edificios del campus de Stanford para mejorar su técnica.

Las escaleras del edificio de física o las paredes del patio cuadrangular histórico se convierten en superficies en las que puede probar y refinar sus habilidades. De ese modo, cuando en verdad intenta una escalada difícil, sus complejos movimientos están bien practicados y no le hace falta calcularlos cuando se halla en lo alto de una roca peligrosa. Su mente y su energía quedan libres para un hallazgo creativo.

Dice Collins: «Escalar es una de las cosas más creativas que he hecho en mi vida: Es una constante resolución de problemas. No existe mapa alguno para trepar una roca. Miras la pared lisa de una montaña y te dices: "Es muy probable que haya una ruta para llegar allí arriba." Pero tienes que inventarla sobre la marcha.»

Collins afirma que escalar le enseña acerca de la creatividad en los negocios. Ya se trate de escalar rocas o iniciar un nuevo proyecto comercial. «Cuando lo miras desde afuera dices: "Vaya, esto parecía realmente arriesgado." Los empresarios a menudo responden diciendo: "Yo no sabía si eso funcionaría, pero me arriesgué." En la facultad de la Empresa utilizamos árboles de decisión, una forma muy estructurada de analizar posibilidades de que algo suceda. Lo cierto es que las probabilidades cambian una vez que te arriesgas.

»En este deporte, si eres osado y simplemente vas y lo haces, cuando te quedas sin protección piensas en las consecuencias de una caída. Es entonces cuando empiezas a ponerte realmente creativo y a trabajar arduamente para no caer de la roca. Aquí, en la facultad de la Empresa, nos entrenan para mantener abiertas nuestras opciones. Pero si te pasas la vida manteniendo abiertas tus opciones, no harás otra cosa que eso. No puedes llegar a lo alto de la montaña con un pie apoyado en la tierra.»

Lograr lo imposible en el Psycho Roof

Jim Collins comenzó a escalar durante su infancia en Boulder, Colorado, una región que cuenta con algunas de las pendientes más difíciles del continente. Collins comenzó a escalar por diversión, pero el 28 de julio de 1978 hizo historia en esta actividad, pues se convirtió en la primera persona que conquistó el Psycho Roof, una roca peligrosa del cañón de El Dorado, un lugar mundialmente famoso situado en las sierras de las afueras de Boulder.

Había una sola ruta para subir el Psycho Roof, ruta que, según sabían los escaladores desde hacía años por amarga experiencia, era simplemente imposible. El problema consistía en colocar un gancho en el borde de lo alto del risco. El ángulo con que sobresalía el borde bloqueaba las manos del escalador, pues se hallaba fuera del alcance del brazo de éste.

La solución: Collins se dio cuenta de que podía ponerse cabeza abajo, colgando de un costado del ris-

$\longrightarrow$

co apenas por debajo del borde, y enganchar un dedo del pie en el borde.

Como la pierna es más larga que el brazo, Collins aprovechó la ventaja que marcó la crucial diferencia: usando los dedos de los pies como si fueran los de las manos, pudo sostenerse al tiempo que tendía el otro brazo y aferraba el borde con la mano. La ruta imposible del Psycho Roof se tornó posible porque Collins «soltó» lentamente los esquemas establecidos de pensamiento el tiempo suficiente para abordar el problema de un modo que nunca se había intentado.

¿Como un coyote?

En el proceso creativo de solución de problemas un error es un experimento del cual se puede aprender, información valiosa acerca de qué se debe intentar a continuación. En verdad, muchos inventos se han originado en errores. William Perkins, químico británico, descubrió la manera de hacer tinturas artificiales mientras trataba de crear una quinina sintética, una tarea en la que fracasó. Pero notó que la sustancia que había formado en su experimento dejaba una mancha violeta. Nuevas investigaciones de esa mancha marcaron el comienzo de la industria de las tinturas sintéticas.

A menudo las personas interrumpen sus esfuerzos porque temen cometer errores. Éstos pueden resultar vergonzosos, incluso humillantes. Pero si no corres riesgos y no cometes errores, no aprendes; mucho menos aún haces nada fuera de lo común o innovador. Como expresó un bromista anónimo: «No te niegues a acometer alguna empresa quimérica de vez en cuando. Para eso están las quimeras.»

La investigación indica que las personas altamente creativas cometen más errores que sus pares menos imaginativos. La razón no es que sean menos diestros, sino que hacen más intentos que la mayoría de los demás. Generan más ideas, se les ocurren más posibilidades, conciben más proyectos. Ganan algunos, pierden otros.

Chuck Jones, el legendario animador del Coyote y Bugs Bunny, dice: «No creo que aprendamos de nuestros triunfos, sino de nuestros errores. Bien sabe Dios que no es eso lo que deseas, pero los tropiezos nos dan cierto indicio de que estamos en el buen camino.

»Lo que pasa con el Coyote es que se parece mucho a todos nosotros. El filósofo George Santayana lo describe perfectamente: "Un fanático es alguien que redobla su esfuerzo cuando ya ha olvidado su objetivo." Si ésa no es la definición del Coyote, no sé de quién es.» Y admiramos del Coyote que continúe intentándolo.

Por muy heroicos que sean nuestros esfuerzos, el momento creativo no puede forzarse; llega naturalmente, cuando las circunstancias son las adecuadas. No obstante, a menudo las exigencias y los plazos de nuestra vida no esperan el surgimiento espontáneo de la iluminación. Cuando las energías creativas no aparecen en un problema o proyecto, es útil contar con otro del cual sea posible ocuparse, según aconseja el psicólogo Dean Simonton, de la Universidad de California:

«La mayoría de los grandes creadores de la historia no ponían las manos en una sola cuestión; tenían montones de cosas diferentes en marcha. Si se topaban con obstáculos en una, la dejaban de lado un tiempo y pasaban a otra cosa. Al tener múltiples proyectos, es más probable que alcances un hallazgo importante en alguna parte, porque estás siempre avanzando.»

Leonardo da Vinci se sumergía simultáneamente en la arquitectura, la pintura, el planeamiento urbano, la ciencia y la ingeniería. Por su parte Darwin, mientras realizaba a bordo del *Beagle* los estudios que fundarían la teoría de la evolución, también tomaba voluminosas notas sobre zoología, geología e incluso catalogaba expresiones faciales de seres humanos y animales. El doctor Howard Gruber, psicólogo de la Universidad de Ginebra, que ha estudiado la creatividad de Darwin, denomina una «red de empresas» a esos intereses de tan amplio espectro. Plantea que, al cambiar de un proyecto a otro, la gente creativa lleva elementos y perspectivas que puedan ayudar de un área a otra. También significa que, si llegan al estadio de la frustración en un proyecto, pueden pasarlo a un segundo plano mental mientras se ocupan de otro.

La ansiedad es aliada de la creatividad

Encontrar la valentía de aceptar tus ansiedades y dar el paso siguiente es esencial para todo tipo de creatividad. Chuck Jones lo sabe bien: «El miedo es un factor vital en cualquier trabajo creativo. Los pescadores de las islas de Aran, cerca de la costa oeste de Irlanda, uno de los puntos de pesca más difíciles del mundo, dicen que nadie que no tema al océano debería pescar.»

Jones confiesa: «Nunca en mi vida he hecho una película de dibujos animados en la que no haya enfrentado este monstruo del miedo. En la acción en vivo es un pedazo de película; conmigo es un pedazo de papel. Nunca he terminado un dibujo sin preguntarme si podré hacer otro o no. ¡O si podré atreverme siquiera a empezar otro!

»La ansiedad es aliada de la creatividad. Pero lo que importa es reconocer el miedo y la voluntad de enfrentarlo. El miedo es el dragón, y tú eres el caballero. Si un caballero no sudaba la armadura antes de entrar en el combate, no era un muy buen caballero.

»Creo que la ansiedad es vital. Pero la disposición a enfrentarla es lo que hace a un artista. Cuando pones el lápiz aquí y dices: "Ahora sé qué puedo hacer", en ese momento eres uno con los dioses, porque te das cuenta de que posees las herramientas. De pronto no existe más ansiedad. La ansiedad es el trampolín que lleva a tu habilidad a unirse con los dioses capaces de dibujar.

O, como lo expresó Osear Wilde: «La ansiedad es insoportable. Sólo espero que dure para siempre.»

EXPANDIR LA CREATIVIDAD

El flujo: el momento blanco

Cuando la creatividad está en su apogeo, se puede experimentar eso que los atletas y actores llaman «el momento blanco». Todo te sale bien. Tus habilidades se adecuan de manera tan perfecta al desafío, que pareces fundirte con él. Todo se siente armonioso, unificado y carente de esfuerzo.

Ese momento blanco es lo que los psicólogos denominan «el fluir». Este estado fue estudiado extensivamente por Mihalyi Csikszentmilhayi, psicólogo de la Universidad de Chicago. En el estado del fluir, las personas se hallan en su punto más alto. Puede darse en cualquier ámbito de actividad: mientras se pinta, se juega al ajedrez, se hace el amor, en cualquier momento. El único requisito es que tus habilidades se adecuen tan perfectamente a las exigencias del momento que desaparezca toda inhibición.

Si tus habilidades para resolver problemas no están a la altura del desafío que enfrentas, experimentas ansiedad; no se dará ese fluir. Es lo que sucede cuando te encuentras dando un examen para el que no has estudiado o cuando estás por decir un discurso para el cual no te has preparado. Si tus habilidades son demasiado grandes para el desafío inmediato, experimentas lo opuesto: aburrimiento. Es la sensación que podría experimentar un doctor en astrofísica si el mayor desafío creativo de su jornada fuera arreglar un coche.

Cuando encajan las habilidades y el talento, entonces el fluir tiene más probabilidades de surgir. En ese instante, la atención está enfocada plenamente en la tarea inmediata. Una señal de esta completa absorción es que el tiempo parece pasar mucho más rápido... o mucho más lento. La gente se halla tan sintonizada con lo que está haciendo, que es indiferente a cualquier distracción.

Csikszentmilhayi cuenta la siguiente anécdota acerca de un cirujano que realizaba una operación difícil. Cuando la intervención terminó, el cirujano miró alrededor y notó por casualidad una pila de escombros en un rincón del quirófano. Cuando preguntó qué había sucedido, le respondieron que parte del cielo raso se había caído durante la operación. Él estaba tan absorto en su trabajo que no había oído nada.

Los estudios neurológicos de personas en estado de flujo muestran que el cerebro en verdad gasta menos energía que cuando luchamos con un problema. Una razón de ello parece ser que las partes del cerebro más relevantes para la tarea que debe realizarse están más activas, y las que son irrelevantes se hallan relativamente quietas. En contraste, cuando uno se encuentra en un estado de ansiedad o confusión, no existe tal distinción en los niveles de actividad de las diferentes partes del cerebro.

Los estados de flujo ocurren a menudo en los deportes, en especial entre los mejores atletas. En su biografía, la estrella de básquet Bill Russell describe estos momentos como de una suprema intuición sobrenatural:

«Era casi como si estuviéramos jugando en cámara lenta. Durante esos lapsos yo casi podía intuir cómo se desarrollaría la jugada siguiente y cómo se realizaría el siguiente tiro. Incluso antes de que el otro equipo hiciera rebotar la pelota, yo podía sentirlo de manera tan intensa que deseaba gritar a mis compañeros de equipo: "¡Ahí viene!"... salvo que sabía que, si lo hacía, todo cambiaría.»

La no-mente

Mientras ocurre el estado en que la creatividad fluye, se pierde toda inhibición. La idea Zen de la no-mente es similar: un estado de completa absorción en lo que se está haciendo. Dice el profesor Kenneth Kraft, erudito budista de la Universidad de Lehigh que ha pasado muchos años en Japón: «En el Zen emplean la palabra "mente" de una manera muy interesante, ya que esa palabra es también un símbolo de la conciencia del universo. De hecho, la mente del individuo y la mente del universo se consideran en última instancia como una sola. De modo que, vaciándose uno mismo de la mente individual, más pequeña, y perdiendo la intensa inhibición del individuo, podemos recurrir a esta mente universal más grande, más creativa.»

La idea de fundirse con la actividad que se está realizando es intrínseca al Zen. «En el Zen se enseña que uno debe realizar una acción en forma tan completa que se pierda a sí mismo al hacerlo —explica Kraft—. Así, un maestro calígrafo, por ejemplo, ejecuta su caligrafía de una manera en la que su mente no interviene.»

La no-mente no es inconsciencia, un concepto espacioso y vago. Por el contrario, es una conciencia precisa durante la cual uno no es perturbado por la habitual cháchara interior con que nos distrae la mente. Dice Kraft: «El estado de no-mente significa no tener la mente llena de pensamientos fortuitos, como: "¿Es bonita esta caligrafía, luce bien? ¿Esa pincelada debería ir allí o aquí?" No hay nada de eso en la mente si lo hace un maestro. Es sólo el hacer. Sólo la pincelada».

La realización de una obra de caligrafía Zen comienza antes de la pincelada en sí. El maestro compone primero su estado interior; sólo después toma el pincel. La primera pincelada emerge de un estado de no-mente.

«Una parte muy importante de una obra de caligrafía es la primera marca que se hace en el rollo, el principio mismo del carácter. Es desde ese comienzo que fluye el resto. Si por alguna razón el comienzo no es correcto —si es demasiado deliberado o demasiado tímido o demasiado enérgico—, puede malograrse toda la pieza. La gente que tiene ojos bien entrenados puede mirar una pieza de caligrafía y ver con gran claridad el estado mental del calígrafo.»

Hasta tal punto las obras de caligrafía son consideradas como venerables legados de los maestros que las hicieron, que se las exhibe anualmente en muchos templos Zen. «Ellos consideran esos rollos como una suerte de instantánea del estado mental del maestro —explica Kraft—. Algunas de las pinceladas son fuertes y pesadas; otras, delicadas; algunas son apresuradas; otras, compuestas y sedadas. Y sin embargo todas, en un sentido, expresan el Zen del maestro, su conciencia.»

Y en un sentido profundo, todos nuestros actos creativos expresan nuestra conciencia: quiénes somos en ese momento.

La mente como el agua

En Occidente a menudo asociamos la actividad creativa con la invención y la solución de problemas, pero la tradición cultural asiática la ve de una manera diferente. Allí se considera que la creatividad proviene de una fuente más profunda que el pensamiento innovador. En el budismo, por ejemplo, el pensamiento es sólo uno de los sentidos y, como todos los sentidos, es limitado.

«Una de las metas del budismo Zen es ir más allá de los sentidos y del pensamiento —dice el profesor Kraft—. La intuición, la fuente de la iluminación, llega inadvertidamente desde alguna otra parte cuando no estás pensando en ello. Es preciso ser receptivo y sensible a esta posibilidad.

»Una de las imágenes que se utiliza como metáfora en Asia para la creatividad es el agua. El agua se adapta a cualquier circunstancia que encuentre. El agua de un río corre, pero si llega a una roca, fluye alrededor de ella. Si llevas una taza al río y la llenas, el agua tomará inmediata y perfectamente la forma de la taza.

»Según el mismo principio, la creatividad es una suerte de adaptación a las circunstancias. Una persona profundamente adaptable a las condiciones que encuentre será muy creativa.»

Una mente tan clara y reflexiva como el agua es de importancia central para la tradición de las artes marciales orientales, que dan gran valor a la adaptación e incluso a la anticipación de los hechos. Se requiere enorme disciplina para alcanzar este estado mental, en el cual uno es capaz de recibir información sin distorsión. Porque es la información precisa —ya sea la detección del siguiente movimiento del adversario en el yudo, o la anticipación de un cambio sutil en el gusto de los compradores de coches— lo que forma la base de la acción creativa.

Ver la creatividad como una especie de danza de interdependencia entre el observador y lo observado, o entre productor y cliente, tiene sus raíces en una antigua filosofía que considera todos los fenómenos como aspectos interrelacionados de un sistema único, delicadamente entrelazado. Las actuales visiones científicas de la ecología reflejan esta filosofía, que sostiene que las acciones más creativas son aquellas verdaderamente adaptables y sensibles al ambiente total de cada uno.

La canalización de la creatividad puede verse en las formas de arte conocidas en Japón como Maneras: la Manera de la caligrafía, la Manera de la arquería, la Manera del té, la Manera de los arreglos florales, la Manera del yudo. «Estas Maneras son esenciales para la cultura asiática —dice Kraft—. Al principio, a los occidentales les da la impresión de que la Manera es sólo un pequeño sendero estrecho, con reglas muy fijas y nada de creatividad, y que la tarea como practicante de ese arte, cualquiera sea ésta, consiste sólo en atenerse lo mejor posible a lo que han hecho los predecesores.

»Pero es más sutil que eso, porque, cualesquiera que fuesen las circunstancias en que tú te encuentres, son diferentes de las de tus predecesores. De modo que incluso atenerse a la tradición implica adaptación y autoexpresión, y éstas son formas de creatividad.

»En la Manera de la caligrafía, por ejemplo, el carácter que escribes podrá ser fijo, pues no puedes alterarlo; sin embargo es notable cuánta variedad encuentran diferentes calígrafos en el mismo carácter.»

Ésta es, quizás, una manera más pasiva, más sutil, de pensar en la creatividad que la visión occidental de flamantes invenciones y descubrimientos. Pero llevado a la práctica puede resultar un manantial de energía e iluminación. La productividad y la riqueza de las industrias electrónica y automotriz japonesas surgen de su capacidad de adaptación y de refinamiento creativos.

El gozo de la alegría

El flujo es un estado extático. Es un estado de euforia natural.

«Qué hermosa palabra es «alegría» —dice el animador Chuck Jones—. Siempre que pienso en ella, pienso que no puedes simplemente escribirla; tiene que ser una cosa elegante, con una perla encima, con un montón de adornos a los lados. Y está rodeada por un aura de felicidad. Es realmente un placer ver la Alegría.

»Y Alegría está toda decorada, toda encantadora, con alas... Por Dios, ¡si podría salir volando! Y cuando estás dibujando algo y sale bien, ése es el epítome de todo el asunto. Pero si no estás dispuesto a correr un riesgo, a cometer algunos errores, a enfrentar el dragón del miedo y seguir adelante, jamás conocerás el gozo de... ¡la Alegría!

La mente de un niño

En su estudio de personas que dieron forma al siglo XX con su genio creativo, Howard Gardner descubrió que, aunque cada una de ellas había alcanzado los límites de su ámbito —«A los veinte años Picasso podía pintar tan bien como cualquiera en el mundo; a esa misma edad Einstein podía hacer física tan bien como cualquiera en el mundo»—, tenían en común algo que parece haber sido una frescura infantil en la manera de abordar su trabajo. «Captaban algo de lo que era ser un niño, tanto en el sentido de ser el libre explorador de un ámbito, alguien con el mundo entero abierto ante sus ojos, como en el de sentirse intrigados ante el tipo de cosas que intrigan a los niños», observa Gardner.

«Einstein preguntó qué tal sería viajar en un rayo de luz. Muchos niños hacen ese tipo de pregunta, pero pocos adultos se atreven. Picasso preguntó: "¿Qué podemos hacer si tomamos un objeto y lo fragmentamos en muchas partes diferentes?" Freud se hacía preguntas básicas sobre los sueños. Martha Graham bailaba de las maneras más formales y elementales.

»Yo creo que toda persona, ya sea un gran creador o uno que expresa su creatividad en lo cotidiano, la extrae no sólo de su conocimiento y destreza en su ámbito, sino de algo relacionado con la capacidad de ser como un niño: el tipo de problemas y preguntas que enfrentan los niños todo el tiempo pero de los cuales se nos enseña que debemos dejar atrás junto con las demás características de la niñez.» La creatividad se arraiga primero en la infancia, de modo que en el capítulo siguiente analizamos las condiciones en que crece o se atrofia durante esa etapa.

2

LA CREATIVIDAD
EN LOS NIÑOS

Había un niño que salía todos los días,
y el primer objeto que miraba, en ese objeto se convertía,
y ese objeto se tornaba parte de él durante ese día o cierta
[parte del día.
O durante muchos años o prolongados ciclos de años.

Las primeras lilas se convirtieron en parte de ese niño,
y la hierba y las campanillas blancas y rojas, y los árboles
[blancos y rojos,
y la canción de los pájaros papamoscas
y los corderos del tercer mes y la rosada lechigada de la cerda,
el potrillo de la yegua y el ternero de la vaca,
y las crías ruidosas del corral o las que están junto al lado del
[estanque,
y los peces suspendidos tan curiosamente allí abajo,
y el hermoso y curioso líquido,
y las plantas acuáticas con sus elegantes chatas cabezas;
todos se volvían parte de él.

WALT WHITMAN

Walt Whitman capta mucho de lo que sabemos de los niños y la creatividad: para el niño, la vida es una aventura creativa.

Las exploraciones fundamentales del mundo de un niño son en sí mismas ejercicios creativos de solución de problemas. El niño comienza un proceso de inventarse que durará toda la vida. En este sentido, cada niño reinventa el lenguaje, el andar, el amor. El arte es redescubierto en el garabato inicial de un niño al que él llama «perro». La escultura comienza de nuevo cuando un niño descubre la delicia de modelar un poco de arcilla en una forma que representa una serpiente. La semilla de la matemática aparece cuando ese mismo niño se da cuenta de que la arcilla con forma de serpiente sigue siendo la misma cantidad de arcilla que empezó a modelar. La historia de la música se despliega en el momento en que un niño disfruta por primera vez al batir las palmas siguiendo un ritmo.

«El núcleo de la creatividad —dice la psicóloga Teresa Amabile— está allí, en el niño: el deseo y el impulso de explorar, de descubrir, de probar, de experimentar con formas diferentes de manejar y mirar las cosas. A medida que crecen, los niños comienzan a crear universos enteros de realidad en su juego.»

Una lavadora se entrega dentro de una enorme caja de cartón. Los niños juegan con la caja durante semanas, metiéndose en ella y saliendo, acurrucándose en su interior, inventando y reinventando la caja: la guarida de un oso, la góndola de un globo que se eleva sobre el campo, un barco de piratas, una estación espacial, un almacén: casi cualquier cosa, salvo la caja vacía en que llegó la lavadora.

Nuestra experiencia de la creatividad en la infancia modela gran parte de lo que hacemos en la adultez, desde el trabajo hasta la vida familiar. La vitalidad —en verdad, la supervivencia misma— de nuestra sociedad depende de criar niños aventureros capaces de solucionar problemas en forma innovadora.

Los padres pueden fomentar o reprimir la creatividad de sus hijos en el ambiente del hogar y por lo que exigen en las escuelas. Desde luego, los padres quieren conocer maneras de cultivar la creatividad de sus hijos: ayudar a conservar al máximo el asombro y la espontaneidad de sus hijos. Para el niño cualquier cosa es posible, todo es concebible.

Pero la curiosidad y el deleite natural del niño son sólo una parte de la historia. Cuanto más aprendemos sobre la creatividad, tanto más claro resulta que la temprana fascinación del niño por una actividad en particular prepara el camino para la vida creativa. Este interés espontáneo lleva al niño a los esfuerzos sostenidos y a las experiencias manuales que producen la destreza, ya sea en el piano, la pintura o la construcción de torres con el Lego.

Si conseguimos evitar la tradicional y estrecha concepción de la inteligencia y el logro, existen muchas formas de nutrir el espíritu creativo en la infancia. Pero para ello debemos comenzar con una comprensión básica del desarrollo humano.

La razón por la cual no es preciso enseñar a los niños a ser creativos es que la creatividad es esencial para la supervivencia humana. Virtualmente todas las especies del reino animal nacen con un repertorio plenamente formado de reflejos y reacciones. No así el humano; sólo nosotros debemos aprender y adquirir destreza a partir de cero en casi todo lo que necesitamos saber para sobrevivir.

Ideas de la zona crepuscular

Los especialistas en funcionamiento cerebral nos dicen que el esquema de las ondas cerebrales de un preadolescente en estado de vigilia son ricas en ondas theta. Estas ondas son mucho más raras en los adultos, y tienen lugar con más frecuencia durante los estados hipnagógicos, una zona crepuscular limítrofe con el dormir, donde los sueños y la realidad se mezclan.

Así, la conciencia despierta de un niño es comparable con un estado mental que los adultos conocen principalmente durante esos momentos semejantes al sueño que se dan mientras se quedan dormidos. Esto podría ser una razón por la cual la realidad del niño acepta naturalmente lo absurdo y lo extravagante, lo tonto y lo aterrador. La conciencia despierta del niño está más abierta a las percepciones nuevas y las ideas alocadas.

Con la pubertad, el cerebro del niño cambia para parecerse al del adulto. Las ondas cerebrales theta y la disposición locamente creativa del niño comienza a perderse.

Algunas personas, no obstante, continúan valiéndose de la riqueza de los estados theta en las etapas posteriores de su vida: Thomas Edison puso a trabajar el estado hipnagógico cuando ya era adulto. Aplicaba una técnica insólita para hacerlo: dormitaba en un sillón, con los brazos y las manos en los apoyabrazos. En cada mano sostenía un rodamiento de bolas. Debajo de cada mano, en el suelo, ponía un plato. Cuando entraba en el estado entre la vigilia y el sueño, naturalmente sus manos se relajaban y los cojinetes caían en los platos. Despertado por el ruido, Edison de inmediato tomaba notas sobre cualquier idea que se le hubiera ocurrido.

El cerebro y el sistema nervioso central continúan desarrollándose y madurando durante la infancia y hasta la adolescencia. Alrededor de los ocho años al fin el cráneo se une, encapsulando el cerebro. Pero no es hasta los doce años, aproximadamente, que el cerebro adquiere todas sus características adultas.

Desde el nacimiento y durante toda la infancia, el cerebro tiene muchas más neuronas que en la adultez. Al borde de la pubertad, experimenta un proceso denominado «poda», en el cual mueren millones de conexiones neurológicas mientras otras se fijan en los esquemas que retendrán toda la vida.

Una teoría sostiene que aquellas sendas neuronales que se usan con más frecuencia en la infancia sobreviven con mayor rigor a la «poda». Esto sugiere que los hábitos establecidos en la infancia tienen una significación notable en cuanto al potencial del adulto. Esto da un profundo significado a las palabras de Alexander Pope: «Así como se dobla la tierna rama se inclinará el árbol.»

NUTRIR LA CREATIVIDAD

Si la creatividad es el estado natural del niño, ¿qué sucede en el camino a la adultez? Muchos nos reconoceremos en el triste relato de la pequeña Teresa Amabile, ahora especialista en creatividad.

«Cuando yo estaba en el jardín de la infancia, mi adorada maestra, la señora Bollier, fue a casa para tener una conversación de fin de año con mi madre. Y, por supuesto, yo estaba escuchando la conversación desde la habitación contigua.»

A Teresa le encantó oír que la señora Bollier decía a su madre: «Creo que Teresa tiene muchas posibilidades para la creatividad artística; espero que sea algo que realmente desarrolle con los años.»

«Yo no sabía qué era "creatividad" —evoca—, pero sin duda sonaba a algo que era bueno tener.

»Recuerdo que, cuando asistía al preescolar —continúa—, iba corriendo todos los días, muy entusiasmada por ponerme ante el caballete y jugar con todos esos colores fuertes y esos grandes pinceles que teníamos. Y había una mesa para el trabajo con arcilla en la que se nos daba libre acceso a los materiales artísticos. Recuerdo que todos los días, después del preescolar, regresaba a casa y le decía a mi madre que quería jugar con lápices de colores, que quería dibujar, que quería pintar.»

Pero el jardín de la infancia sería el punto culminante de la carrera artística de Teresa. Al año siguiente entró en una escuela estricta y tradicional, y las cosas comenzaron a cambiar.

«En lugar de tener libre acceso a materiales artísticos todos los días, el arte se convirtió en una asignatura más, algo que hacíamos durante una hora y media los viernes por la tarde.»

Semana tras semana, durante toda la escuela primaria, fue la misma clase de arte. Y muy restringida, incluso desalentadora. «Nos daban pequeñas reproducciones de alguna obra maestra de la pintura, una diferente cada semana. Así, por ejemplo, recuerdo que una semana, en segundo grado, todos teníamos una pequeña copia de la *Adoración de los Reyes Magos*, de Da Vinci.

El objetivo era que apreciáramos el arte, pero no era así como lo usaban nuestros profesores. Ellos nos decían que sacáramos nuestros materiales de arte y copiáramos. Pedían a niños de segundo grado que copiaran a Da Vinci... con sus hojas sueltas y sus lápices de colores. ¡Un ejercicio de frustración!

»A esa edad uno todavía no tiene el desarrollo de la destreza necesaria para lograr siquiera que esos caballos y ángeles entren en la hoja, y mucho menos que se parezcan a algo. Era muy desmoralizador. Todos podíamos ver que lo que hacíamos era muy malo.

»No nos ayudaban en absoluto a desarrollar nuestra habilidad. Peor aún, nos calificaban sobre la base de esas monstruosidades que producíamos, de modo que sentíamos una fuerte presión en cuanto a la evaluación. Yo tenía mucha conciencia, en esa época, de que estaban anulando por completo mi motivación para realizar trabajos artísticos. Ya no quería ir a casa al final del día para tomar mis lápices o pinceles y ponerme a dibujar o pintar.»

Los asesinos de la creatividad

Las presiones psicológicas que inhiben la creatividad del niño tienen lugar en las primeras etapas de la vida. A la mayoría de los niños que van al preescolar, al jardín de la infancia, e incluso al primer grado de la primaria, les encanta estar en la escuela. Sin embargo, cuando llegan a tercero o a cuarto grado, a muchos ya no les gusta la escuela, y mucho menos tienen algún sentido del placer de su propia creatividad.

La investigación de la doctora Amabile ha identificado los principales asesinos de la creatividad:

- La vigilancia: Situarse junto a los niños, haciéndolos sentir que son observados constantemente mientras trabajan. Cuando un niño se halla bajo constante observación, el impulso creativo y las ganas de arriesgarse, resulta ahogado y se esconde.

- La evaluación: hacer que los niños se preocupen por cómo juzgan los demás lo que ellos hacen. A los niños debe preocuparles en primer lugar si ellos mismos se sienten satisfechos con sus logros, en lugar de concentrarse en cómo los evaluarán o calificarán, o qué pensarán sus pares.

- Las recompensas: el uso excesivo de premios, como estrellas doradas, dinero o juguetes. Utilizados en exceso, los premios privan al niño del placer intrínseco de la actividad creativa.

- La competencia: poner a los niños en una situación desesperada de ganar o perder, en la que sólo uno de ellos puede ocupar el primer puesto. Al niño debe permitírsele progresar a su propio ritmo. (Puede haber, sin embargo, una competencia sana que fomente el espíritu de grupo o equipo, como veremos en la página 119.)

- El exceso de control: indicar a los niños exactamente cómo hacer las cosas: sus tareas escolares, sus trabajos, incluso sus juegos. Los padres y los maestros a menudo confunden esta manipulación con su deber de instruir. Esto provoca en los niños la sensación de que cualquier originalidad es un error y cualquier exploración, una pérdida de tiempo.

- La restricción de las elecciones: decir a los niños qué actividades deben practicar, en lugar de permitirles que se dejen llevar por su propia curiosidad y pasión. Es mejor dejar que el niño elija lo que le interesa, y apoyar esa inclinación.

- La presión: establecer expectativas exageradas para el desempeño del niño. Por ejemplo, los regímenes de entrenamiento tipo «invernadero» —que obligan a los niños muy pequeños a aprender el alfabeto o a contar antes de que tengan ningún interés real— pueden con facilidad tener el efecto contrario y producir aversión por el tema que se está enseñando.

Uno de los mayores asesinos de la creatividad, no obstante, es más sutil y se halla tan profundamente arraigado en nuestra cultura que apenas si lo reconocemos. Tiene que ver con el tiempo.

Si la motivación intrínseca es una clave de la creatividad del niño, el elemento crucial para cultivarla es el tiempo: tiempo ilimitado para que el niño saboree y explore una actividad o un material en particular hasta hacerse dueño de él. Tal vez uno de los mayores crímenes que cometen los adultos contra la creatividad del niño sea el de robar ese tiempo a los niños.

Los niños, más naturalmente que los adultos, entran en ese estado último de creatividad llamado *flujo*, en el cual la absorción total puede engendrar picos de placer y creatividad. En el estado de flujo el tiempo no importa; existe sólo el momento atemporal inmediato. Es un estado que resulta más cómodo a los niños que a los adultos, que son más conscientes del paso del tiempo.

«Nuestro ingrediente de creatividad es el tiempo sin límite», afirma Ann Lewin, directora del Capital Childrens Museum, de Washington, D.C. El museo de los niños es un ámbito destinado a llevar a los niños al estado creativo. Pero, como bien puede Lewin comprobar allí todos los días, existe una marcada diferencia entre los ritmos de los niños que van al museo y los de los adultos que los llevan.

«Los niños poseen la capacidad de ser cautivados en cualquier cosa que estén haciendo, de una manera que resulta mucho más difícil para un adulto —explica—. Ellos necesitan tener la posibilidad de seguir sus inclinaciones naturales, sus talentos particulares, de ir adonde los lleven sus inclinaciones.»

Lamentablemente, los niños son interrumpidos, arrancados de su profunda concentración; su deseo de trabajar en algo hasta llegar al fondo resulta frustrado. Lewin explica: «Los adultos tienen la compulsión de recorrer todo el museo y verlo todo. Pero aquí hay cientos de cosas que pueden absorber profundamente a un niño, cosas con las que los niños pueden pasar horas. Y ves que los adultos los tironean y les dicen: "Ya está bien; vamos".

»Es terriblemente frustrante que te interrumpan cuando estás en medio del proceso. Pero vivimos de una manera muy apresurada, de modo que una y otra vez se interrumpe a los niños en medio de cosas que les encanta hacer. Se les dan plazos, horarios. No existe tiempo para que se relajen a su propio ritmo.

»Nosotros, los adultos, estamos demasiado presionados, demasiado ocupados. No creo que nuestros niños dispongan de tiempo suficiente: o se los organiza demasiado, o demasiado poco. Es necesario tener la posibilidad de seguir en una actividad durante el tiempo que ella cautive la imaginación, aunque sea días o semanas.

»Una cultura apresurada significa que una y otra vez los adultos interfieren justo en ese momento creativo en que el niño va rumbo a la destreza, y le pone fin. En las escuelas hay campanas que te interrumpen en lo que haces. Está el ritmo de las actividades extraescolares. Están los horarios de los padres que se imponen al tiempo de los niños. A los niños se les apremia para que sigan adelante con su existencia sin tener en cuenta el ritmo natural que exigiría el ir desplegándose poco a poco. Eso, más que cualquier otra cosa, mata la creatividad.»

No sólo en las visitas a los museos entran en conflicto los tiempos de los niños y los adultos. Imaginemos una niña que juega con la arena: pone arena en un cubo y la vuelca; pone arena y la vuelca... pone y vuelca.

«El padre, que necesita preparar el mortero, se enloquece al mirarla —dice Lewin—. Un adulto tiene en la mente un producto terminado en casi cualquier actividad, y cualquier acción que no lo lleve directamente a ese fin le parece un desperdicio y por lo tanto le resulta frustrante.»

Los méritos del garabato

La destreza —una de las metas esenciales de la infancia— se adquiere mediante las acciones repetidas una y otra vez. Esto significa practicar los pequeños pasos del camino, sin preocuparse por obtener resultados. Mantener ilimitadas las actividades del niño permite a éste hacer lo mismo una y otra vez en una variedad de formas diferentes y así perfeccionar aquello que se proponga hacer.

La repetición no sólo perfecciona la habilidad, sino que permite al niño sentir: «Esta actividad es mía, es parte de mí». Y a la larga eso puede ser más importante para la creatividad que la simple destreza técnica, pues le permite enamorarse de la actividad.

Por ejemplo, algunos niños pasan horas interminables dibujando caricaturas en sus cuadernos, libros de textos, escritorios... en todas partes. Los maestros y los padres suelen considerarlo una actividad sin propósito que los distrae de actividades más importantes. Pero hay otra manera de verlo.

En una ocasión, el Capital Children's Museum buscó en toda la ciudad de Washington a aquellos alumnos que enloquecían a sus maestros porque lo único que hacían en clase era dibujar. El museo organizó en clases de animación a varias docenas de estos incipientes artistas. Resultó que las horas interminables que los chicos pasaban garabateando caricaturas en las tapas de sus libros y cuadernos no habían sido un «desperdicio», como afirmaban sus maestros, sino más bien un paso esencial en el dominio de una habilidad. Las clases de animación sólo les brindaron un ambiente en el cual esa habilidad era apreciada y la práctica, valorada.

La práctica exitosa desarrolla la confianza, la fe en uno mismo: Albert Bandura, psicólogo de Stanford, denomina «autoeficacia» a esa fe, la sensación de que uno es capaz de dominar los desafíos. Su investigación muestra que la gente que posee poca autoeficacia es, comprensiblemente, tímida. Tiene poca fe en sí misma, o en su habilidad de triunfar. Aborrecen el riesgo; los aterra.

Pero los que tienen confianza en sus habilidades abordan algo nuevo con una fuerza que proviene de haber enfrentado y dominado muchos desafíos antes. Esa sensación surge en gran medida de una historia de logros: montar a caballo, tocar el piano, solucionar una ecuación de segundo grado, escribir un poema, actuar en una obra, etcétera. Para ellos lo desconocido es un desafío más que una amenaza. El riesgo les gusta. Se atreven a intentar lo nuevo, lo inexplorado, lo completamente original.

La confianza en uno mismo también depende de la sensación de que los adultos —padres y maestros— respetan la habilidad de uno. La crítica constante o la permanente indiferencia por los logros de un niño puede socavar la autoeficacia de hasta el niño más capaz. En lugar de una sensación de confianza, el niño es cargado con inseguridad y dudas sobre sí mismo. Durante toda la vida oirá un murmullo interior, los ecos de los comentarios subestimadores de la infancia.

En resumen, el espíritu creativo incipiente se alimenta del aliento y se marchita con la crítica. Dominar una tarea es una de las maneras en que los niños construyen la confianza en sí mismos. Saber que han sido apreciados por realizar un buen trabajo es otra. Es mejor juzgar el esfuerzo de un niño de acuerdo con sus propios estándares; el elogio lo lanzará e impulsará hacia adelante.

Cuatro herramientas

Para desarrollar tu creatividad tienes cuatro poderosas herramientas a tu disposición:

- Fe en tu creatividad.
- Ausencia de crítica.
- Observación precisa.
- Preguntas agudas.

$\longrightarrow$

«Fe» es una palabra engañosa. Aquí, cuando decimos «tener fe en algo», nos referimos a poder confiar en ello sin pensarlo dos veces. Tener fe es «saber» que hay en tu interior un poder que siempre está disponible para ti. Tu creatividad puede convertirse en eso para ti, y la fe en ella fortalece su presencia en tu vida cotidiana.

Como dijo san Pablo en su Epístola a los Hebreos, la fe es «la sustancia de lo que se espera, la prueba de lo que no se ve». Cuando alguien tiene fe en su creatividad, demuestra una claridad de propósito capaz de sorprender a quienes le rodean.

Una segunda herramienta es la ausencia de crítica, es decir, aprender a silenciar esa voz interior autocrítica que censura tus ideas antes de que den frutos. Tu «voz de juicio», o «VDJ», puede hacer que te resulte difícil creer que tienes alguna buena idea. Una manera eficaz de callar la cháchara negativa de la VDJ consiste en practicar los ejercicios de respiración de pp. 43-44.

Ahora llegamos a la tercera herramienta: la observación precisa. Esto significa ver el mundo con el asombro de un niño y la precisión de un científico. Significa mirar y abarcar todo lo que te rodea con una conciencia renovada.

La cuarta herramienta es tu habilidad y tus ganas de hacer preguntas que van al fondo de la cuestión. Algunas de las preguntas más incisivas son aquellas que suelen llamarse «preguntas tontas». El inventor Paul MacCready nos recuerda: «La única pregunta tonta es la pregunta que no haces.»

Para ayudarte a dominar estas herramientas, hemos creado una serie de ejercicios que puedes adaptar a tus propios horarios y necesidades. Los ejercicios requieren que incorpores en tu vida cotidiana una guía o un método práctico particular. Denominamos «heurísticas» a estas pautas, y esto parece especialmente apropiado, ya que la palabra tiene la misma raíz griega que «¡Eureka!», tan a menudo conectada con el momento creativo.

Te pedimos que adoptes una de estas heurísticas durante un tiempo: idealmente, no menos de veinticuatro horas y no más de una semana.

Por ejemplo, para vivir el «Prestar atención» heurístico (destinado a fortalecer la observación precisa), podrías programar tu reloj para que suene a determinada hora y te recuerde que debes estar plenamente consciente de todo lo que te rodea en ese momento. La idea consiste en salir de lo preestablecido, romper de pronto la conciencia de rutina que pone a dormir tus poderes de observación.

Otra manera de salir de lo preestablecido (en especial si pasas mucho tiempo en una oficina) consiste en encontrar un lugar tranquilo en un parque. Sólo sal y siéntate un rato y permite que tus sentidos absorban todo lo que veas y huelas.

Los niños no son adultos pequeños

«Los niños no son adultos pequeños —dice el animador Chuck Jones, creador del Coyote, el Correcaminos y una cantidad de famosos personajes de dibujos animados—. Pero sí son profesionales. Su trabajo es jugar, su trabajo es experimentar, su trabajo es probar cosas diferentes.

«Cuando la madre dice: "Por favor, querido, no hagas ruido que tu padre está muy cansado porque trabajó todo el día", el niño puede contestar legítimamente: "Y yo jugué todo el día". Y es la verdad: él es un niño profesional en el mismo sentido en que un médico es un médico profesional.

Y tiende a cometer errores lo mismo que el médico cuando olvida los fórceps.

»Como sin duda los niños cometen errores, los padres deben ser muy cautelosos en cuanto a cómo emplean sus críticas. La creatividad de un niño no puede desarrollarse bajo la crítica constante, pero el tipo de elogio inadecuado puede resultar igualmente perjudicial.

»El amor de los padres no es una fuente, sino un pozo. Si lo entregas y lo entregas sin cesar, pierde su impacto. En cambio, si está allí cuando el niño necesita un poco, es mucho mejor. De esa manera, no es lo que tú necesitas en tu amor por los niños, sino lo que necesitan ellos en su amor por ti.

»Mis padres me querían de esa manera. Digamos, por ejemplo, que yo hacía un dibujo, con mucho azul y algunas figuras graciosas. Cuando se lo mostraba a mi madre, en lugar de preguntar: "¿Qué es esto?", me decía: "Vaya, has usado mucho azul, ¿no?"»

En ese enfoque no hay crítica, sino sólo una reflexión honesta que vuelve al niño con respecto a lo que ha hecho. «En el dibujo de un chico siempre hay algo que puedes observar que no tiene nada que ver con la crítica», afirma Jones.

«Algunos padres que no saben nada de crítica de arte se sienten perfectamente bien criticando los trabajos de arte de sus hijos. Igualmente malo es el padre que, cada vez que su hijo le muestra un dibujo, lo pega en la puerta de la heladera y exclama: "¡Qué hermoso!"

»Pero no es necesariamente hermoso, y si sigues diciendo "hermoso" todo el tiempo, el niño inconscientemente empieza a pensar: "No confío en éste", porque el chico sabe que el dibujo no es hermoso todas las veces.»

Chuck Jones ofrece el siguiente ejemplo de un padre o una madre puestos en críticos de arte. Digamos que una niña dibuja una flor:

«No es un dibujo malo —dice Jones—. Pero la mayoría de los padres no pueden dejar atrás la idea de que son críticos.

»Entonces el padre dice: "¿Qué es? ¿Supongo que esa niña eres tú?"

«Y ella responde: "Sí".

«Y el padre dice: "Pero la flor es más grande que tú".

»Y en ese momento es el toque de difuntos. Porque cuando descubres algo, cuando lo miras y nunca lo has visto antes, parece mucho más grande que tú. Es enorme. Es como las hormigas: son hermosas. Te agachas, miras entre la hierba y allí están esas hormigas enormes. De modo que el chico realmente está conociendo una flor, realmente la está mirando por primera vez. Y es enorme.

»Entonces el padre dice: "¿Y esto otro?" La niña contesta: "Soy yo. Estoy bailando". Y el padre dice: "Sí, pero tú no tienes tantas rodillas; tienes una sola."

»Eso es un disparate. Lo único que debes hacer es observar cuando bailas. Sientes que tienes diez codos y catorce rodillas y tobillos, en todas partes.

»De modo que cuando un chico te trae un dibujo, míralo y fíjate en qué es diferente de otros dibujos. Pero además no mires sólo el dibujo, sino al chico. Si el chico está orgulloso del dibujo, tienes derecho a fomentar ese orgullo; de ese modo te acercarás mucho más a tu hijo.

»Pero si el chico no está feliz con el dibujo, no le digas: "¡Magnífico!", porque eso no lo hará sentirse mejor. Él sabe que el dibujo no es magnífico. Tal vez no esté descontento, pero seguro que no está contento.

Placer, no presión

La creatividad florece cuando las cosas se hacen por placer. Cuando los niños aprenden una forma creativa, la protección de la alegría es tan importante —si no más— como «hacerlo bien». Lo que importa es el placer, no la perfección.

Por ejemplo, muchos padres desean que sus hijos desarrollen algún tipo de habilidad musical. Tal vez lamenten no haber aprendido ellos mismos a tocar un instrumento, y no quieren que sus hijos se pierdan esa posibilidad. Y así comienza el ritual infantil de tomar lecciones de música.

Lamentablemente, con demasiada frecuencia ese deseo se descamina: el niño toma lecciones de música durante unos meses, incluso años, y luego pierde interés. Dice que ya no quiere seguir practicando piano. Se queja de que le aburre el trombón. O afirma que el violín es demasiado frustrante y que lo odia.

Una manera mejor consiste en seguir, no forzar; dejar que el niño guíe. La profesora Teresa Amabile cuenta la siguiente anécdota: «Tengo unos amigos en California que querían que su hija tocara el piano; sin embargo temían destruir, en su intento, el amor que la niña tenía por la música, como había pasado con ellos cuando les obligaron a tomar lecciones de piano.

»Hicieron algo brillante: alquilaron un piano. Esto significaba que no hicieron una gran inversión de dinero, a menudo esto suele formar parte del problema, ya que los padres que han hecho esta inversión acaban diciendo a sus hijos: "Por Dios, aprenderás esto quieras o no. ¡Gastamos mucho dinero en el piano!"

»Pero mis amigos se limitaron a alquilar, así que no sentían esa presión. Llevaron a su hija, de siete años, para que los ayudara a elegir el piano; esto dio a la niña cierto sentido de participación en la empresa. Cuando llevaron el instrumento a la casa no dijeron una sola palabra sobre que ella debía tomar lecciones de piano. En cambio, le comentaron: "Tío Luis toca el piano; él viene mucho a casa. Cuando venga, será estupendo tener el piano para que todos podamos cantar y él nos acompañe."

»Ahora bien, ¿qué es un piano para un niño: Un gran juguete. La niña no podía quitarle las manos de encima; vivía aporreando el instrumento. Esto continuó durante bastante tiempo, y realmente fue muy útil. Como tocaba en forma bastante ruidosa, sólo le permitían sentarse al piano a determinadas horas del día; así ella miraba el reloj esperando la hora en que podía tocar.

»Al cabo de un tiempo se dio cuenta de que no hacía mucha música con el instrumento: era sólo ruido. De modo que pidió a sus padres si podían enseñarle a tocar una canción. Pero ellos le respondieron: "Lo lamentamos, pero no sabemos tocar el piano." La nena trató de aprender por su cuenta, pero fracasó. Y no dejaba de pedir: "¿Puedo aprender a tocar canciones como el tío Luis." Y sus padres contestaban: "Ah, bueno; para eso necesitas un profesor de piano." Y la niña empezó a pedir un profesor de piano.

»Cuando quedó claro tanto para ella como para sus padres que eso era lo que ella de veras quería hacer, al final le permitieron empezar. Y le encantó.»

Fe en tu creatividad

La creatividad surge de recursos interiores que están dentro de ti en gran abundancia. Tener fe en tu creatividad significa tener fe en recursos específicos que se hallan a tu disposición. Uno es la intuición, una manera inmediata de conocer algo sin pasar por un proceso de razonamiento. A menudo experimentas la intuición como una corazonada o un súbito rayo iluminador.

Otro es la voluntad, la fuerza a la que puedes apelar para cumplir tus objetivos. Las personas creativas a menudo experimentan una apremiante sensación de misión que las impulsa hacia adelante aunque las probabilidades estén contra ellas. Un tercer recurso es el gozo, el puro deleite capaz de penetrar una actividad hasta convertirla en su propia recompensa.

Con frecuencia hablamos de la creatividad en términos de hallazgos originales. Para romper con el muro del miedo y la crítica que amenaza con detenerte, necesitas utilizar una cuarta cualidad: el valor. La creatividad implica correr ciertos riesgos, y el valor te permite usar tu intuición y tu voluntad.

Un último recurso es la compasión, es decir, lo que te permite colaborar, trabajar con otros y valorar sus esfuerzos aunque los resultados sean deficientes.

⟶

La compasión, cuando se extiende a ti mismo, ayuda a acallar la voz de la autocrítica que te desalienta a arriesgarte.

Tómate un momento para considerar lo que sería tu vida si pudieras hacer pleno uso de por lo menos algunos de estos recursos creativos.

El ambiente del hogar

Imagina una casa donde la puerta de la habitación familiar está cubierta de pintadas (por ejemplo: «Los deberes son un asco», escrito por una mano infantil en varios tipos de letras), donde se enciende y se apaga un cartel de neón que dice «¡Uff!», las paredes del baño se hallan empapeladas con postales estrafalarias, la puerta de un dormitorio está cubierta de pegatinas de colores intensos. Además, en la casa hay docenas de juegos de mesa y cientos de libros, un lagarto y un pez, un piano eléctrico, un par de gatos y otro de perros, una computadora, una guitarra, cuatro cangrejos ermitaños y algunas serpientes.

¿Excéntrico? Tal vez, pero seguramente bastante típico en muchos hogares en los que hay niños vivaces y curiosos. Éste es un catálogo parcial del ambiente que rodea a Jasan Brown, cuya obra teatral *Tender Places*, escrita cuando él tenía once años, ganó un concurso para jóvenes dramaturgos y más adelante se pudo ver en la televisión.

El catálogo de las cosas que hay en la casa de Jasan lo hizo la profesora Amabile tras una visita que le hizo para ver qué tipo de vida familiar podía permitir el surgimiento de tamaña creatividad. Encontró un hogar lleno de lo insólito y lo curioso, con las herramientas para la expresión creativa siempre a mano. El hogar de Jasan ejemplifica el ambiente rico y variado que conduce a la creatividad.

Pero una ambiente físico estimulante constituye sólo una parte de la ecuación. Amabile —así como muchos investigadores— ha identificado actitudes específicas que también fomentan el espíritu creativo en los jóvenes. En las familias creativas, hay una sensación diferente en el aire; hay más espacio para respirar. Los padres de niños creativos les dan una cantidad de libertad que podría resultar asombrosa. Esa libertad podría incluir hasta la colaboración con el niño para que éste concrete su impulso creativo. Consideremos el caso siguiente:

Es la década de los cincuenta. En una cocina, una madre abre latas y vacía su contenido en una olla de presión. El hijo, niño explorador, quiere obtener la insignia al mérito en cine. El padre ha comprado una cámara filmadora de superocho para que él trabaje. Entonces el niño tiene la inspiración de hacer una película de terror.

Para una toma necesita que una pasta pegajosa roja, de aspecto sangriento, chorree de los armarios de la cocina. De modo que la madre sale, compra treinta latas de cerezas en almíbar, vuelca el contenido en la olla de presión y logra una pasta pegajosa deliciosamente roja.

La madre no es de las que dicen: «Vete a jugar afuera; no quiero esas porquerías en casa.» Es absolutamente complaciente; deja que su hijo se adueñe de la casa, le permite convertirla en su estudio de filmación... moviendo muebles, poniendo fundas aquí y allá. Lo ayuda a hacer disfraces e incluso actúa en sus películas. Cuando el niño quiere una escena en el desierto, ella lo lleva al desierto en el jeep de la familia.

Después de la escena de la cocina que chorreaba la mezcla roja, según recordó la madre mucho después, estuvo limpiando mermelada de cerezas en los armarios durante años.

El nombre del niño: Steven Spielberg.

Amabile cita a la madre de Spielberg como ejemplo del padre o madre que respalda el talento y la pasión del hijo: «Imagina el tipo de efecto que eso surte en ti, si eres un niño. Te entusiasma algo, tienes habilidades que pronto empiezas a desarrollar; tu padre y tu madre te permiten explorar en pleno esas habilidades... aunque eso signifique dejar la casa perdida.»

Ésta no es una lección fácil para muchos padres. «Lo principal que he aprendido de mi propia hija, Christene, sobre la creatividad es que no debo ejercer un control excesivo y la importancia de que los padres den libertad y espacio a sus hijos», dice Amabile.

«Cuando ella era muy pequeña, de dos o tres años, yo la veía jugar con un juguete nuevo, por ejemplo, o algo que había sacado de algún lugar. Y trataba de armar algo o hacer algo de una manera que yo sabía era errada; no era la manera que se "suponía" que debía armarse el juego. Y me apresuraba a decirle: "No, no, mi amor; déjame mostrarte cómo se hace. Es así y así." Y en cuanto yo hacía eso, ella perdía interés.

»Pero si yo le daba oportunidades y le permitía hacer las cosas a su modo, la situación era diferente. Entonces le dejaba todo tipo de cosas alrededor, cosas estimulantes que ella podía manejar, mirar, jugar. Y yo estaba disponible si ella quería hacerme preguntas. Pero me contenía un poco.

»Me di cuenta de que mi hija estaba descubriendo nuevas formas de jugar con juegos y juguetes. Tal vez no lo hacía de la manera que se suponía debía hacerlo, pero estaba siendo creativa.»

«Nunca llegarás a nada»

Benny Golson, músico y compositor de jazz, recuerda que se dedicó con pasión a la música desde una edad muy temprana, casi con exclusión de otras cosas: «Ni siquiera tenía pasatiempos. No hacía las cosas que hacían mis amigos de la infancia, porque estaba en casa tratando de aprender esto que se llama música. Recuerdo que una vez vino a verme un amigo, y yo estaba ocupado practicando. Él quería que hiciera otra cosa, y yo quería practicar.

«Cuando se marchó hizo un comentario muy desalentador —recuerda Golson—; dijo que de todos

→

modos yo no iba a llegar a nada, ¿entonces por qué perdía el tiempo? Pero él no sabía que yo "tenía" que hacerlo.»

Afirmar tus recursos creativos

Probablemente estés familiarizado con el enfoque psicológico de crear una imagen mental de lo que quieres lograr antes de hacerlo en realidad. Los jugadores de tenis y de golf, los levantadores de pesas, esquiadores y buceadores utilizan variaciones de una técnica en la cual visualizan lo que están por hacer antes de llevarlo a cabo. Utilizando palabras o imágenes clave, reúnen toda su voluntad y afirman sus intenciones. De manera similar, este ejercicio te ayuda a hacer uso de tus recursos y aplicarlos a solucionar un problema.

Este ejercicio no producirá necesariamente soluciones instantáneas, pero si lo haces con regularidad aumentará tu disposición a las nuevas ideas.

- Siéntate cómodamente con la espalda recta y las manos en una posición relajada. Cierra los ojos y respira hondo varias veces. Luego respira normalmente. Observa las pausas entre inspiración y espiración. Permite que tus pensamientos vayan y vengan, sin demorarte en ellos. Ahora deja que un problema o tema que te resulte importante ocupe el centro de tu mente. Plantéate el problema de una manera libre de críticas y emociones. Sencillamente está allí, en los ojos de tu mente.

Ahora, en voz baja o para tus adentros, di: «La intuición que hay dentro de mí ya conoce la solución creativa para este problema.» Permítete absorber esta idea. Imagina que incluso percibes la energía latente de tu intuición.

Respira normalmente unos momentos. Luego continúa con la afirmación siguiente: «Dentro de mí, en el centro de mi cuerpo, hay una voluntad absolutamente sólida, el fundamento de todo lo que puedo hacer para resolver este tema.»

Respira normalmente unos momentos. Luego continúa así: «Dentro de mí está la capacidad del gozo.» Permite que el flujo de esa alegría te lleve a solucionar el problema.

Respira normalmente unos momentos. Luego continúa diciendo: «Tengo el valor para hacer lo que sea necesario para resolver este problema.» Continúa sentado tranquilamente y permítete sentir la presencia de tu valor.

Por último, afirma tu capacidad de compasión: «Mi compasión me permite identificarme con los demás y perdonar sus errores, tanto como los míos, en la solución de este problema.»

A medida que acudan a tu mente los pensamientos sobre tus recursos, deja que tu atención se fije en el problema o tema. No trates de resolverlo; más bien entrégate a él, ofreciéndole los recursos que acabas de afirmar.

Cuando estés listo, abre los ojos.

No es fácil mantener una conciencia de estos recursos mientras te hallas inmerso en tus actividades cotidianas. De modo que, si necesitas una «recarga», vuelve a repasar las afirmaciones. Además, la forma particular de expresar estas afirmaciones no está grabada en piedra; encarnan la semilla de una idea; debes sentirte perfectamente libre de expresar esta idea con cualquier palabra que te haga sentir más cómodo.

LA INTELIGENCIA:
UNA VISIÓN REVOLUCIONARIA

Cuando los padres alientan la creatividad de sus hijos, descubren lo que ahora confirman los psicólogos: la mayoría de los niños posee un talento natural, una aptitud para una actividad en particular.

Una visión muy difundida pero cuestionable de la creatividad es que se trata de una capacidad singular para la originalidad aplicable a cualquier cosa que uno haga: una capacidad que puede someterse a prueba y cuantificarse. Esa visión de la creatividad es cada vez más refutada. Ahora los investigadores cuestionan si se puede o no hacer justicia a la creatividad de un niño con una prueba de papel y lápiz, que arroja un «cociente de creatividad» muy semejante al puntaje de una prueba de coeficiente de inteligencia.

Por ejemplo, en una de las pruebas de creatividad más comunes, que se utiliza en las escuelas, aparece la pregunta: «¿Cuántos usos se te ocurren para...?», en relación con objetos como un coche reducido a chatarra o algún otro elemento cotidiano semejante. El puntaje de prueba se basa en cuántas respuestas da el niño, si éstas incluyen algo fuera de lo común y cuántos detalles ofrecen cada una. Una larga lista de maneras altamente originales y minuciosamente descritas en que puede utilizarse el objeto arroja un puntaje alto en «creatividad».

Sin embargo, muchos educadores y psicólogos, como Howard Gardner, son escépticos en cuanto a tales mediciones de la creatividad. Gardner argumenta que, en lugar de confiar en una sola prueba de creatividad, deberíamos ver cómo responden los niños a una amplia variedad de material que se refiere a diversas áreas de habilidad, incluidas la música, la danza y las relaciones interpersonales.

Este enfoque evita evaluar la creatividad mediante una prueba que en realidad depende sólo de la habilidad para el lenguaje. En este sentido, el enfoque de la evaluación directa constituye un modo de evaluar la creatividad más «justo para la inteligencia»: no evalúa un solo tipo de creatividad expresada en una forma que en verdad exige habilidades completamente diferentes.

Incluso con objetos simples que los padres tienen en la casa o pueden comprar en una tienda, se puede tener una noción de dónde están radicados los intereses y habilidades del niño. Al permitir que éste explore una gama de actividades, es más probable que surjan pasiones y talentos incipientes.

Las siete inteligencias

Una parte esencial de la definición de creatividad es que no sólo es original y útil, sino que tiene lugar en un ámbito específico. Esta visión subraya la importancia de reconocer las áreas en las que caen las particulares inclinaciones o el talento de un niño.

Para Gardner, una manera fructífera de analizarlo es teniendo en cuenta las muchas clases de «inteligencia». La inteligencia provee la base de la creatividad; un niño será más creativo en los campos en que posee mayores fortalezas. Gardner identifica siete inteligencias primarias:

Lenguaje

La inteligencia lingüística es el don de los poetas y letristas, escritores y oradores: los que aman el lenguaje en cualquier forma, desde James Joyce hasta Vladimir Nabokov y los maestros de *rap*. Una forma de evaluar las habilidades lingüísticas en niños pequeños consiste en hacerle relatar historias. Un padre o una madre puede hacerlo valiéndose de juegos de tablero caseros, muñecas, figuras de juguete y pequeños objetos de la casa para crear un ambiente imaginario. Este ambiente puede estar poblado de personajes como reyes, reinas y osos y presentar lugares misteriosos como cuevas y pantanos. El padre o la madre puede plantear una pregunta al niño: ¿Cómo hace el oso para atraer al rey a la cueva oscura y remota? El chico entonces inventa una historia sobre cómo sucede y resulta esto.

No todos los niños pueden o quieren terminar una historia. En caso afirmativo, Gardner observa si lo hacen en forma imaginativa, si juegan con sonidos o crean figuras del habla o simplemente se limitan a combinaciones comunes de palabras y guiones rutinarios. «Con el tiempo, algunos niños que no se sienten atraídos por estas historias imaginativas resultan ser eficientes periodistas; es probable que usen su inteligencia lingüística para hacer relatos precisos de lo que observen. Tal vez trabajen algún día para el periódico local», afirma Gardner.

Matemática y lógica

Este tipo de inteligencia es la de los científicos, matemáticos y otros cuya vida está gobernada por el razonamiento. Ha sido valorada particularmente en Occidente desde los tiempos de Sócrates; es aún más venerada en la era de las computadoras. La mayoría de las pruebas estándar de inteligencia enfatizan la lógica, don de filósofos y científicos como Descartes y Newton.

Según Gardner, una manera de evaluar este talento consiste en dar al niño la oportunidad de probar hipótesis simples. Gardner, por ejemplo, muestra a los niños que, si juntan dos sustancias de diferentes colores, producen un tercer color. Luego observa si ellos exploran más por su cuenta; por ejemplo, si intentan producir otras combinaciones de colores y explicarse cómo lo han logrado. Esto constituye un indicio de que tienen inclinación hacia el pensamiento lógico.

En lo referente a la habilidad numérica, la cuestión es si un niño tiene o no una aptitud intuitiva para los números. Plantear preguntas como: «¿Cuánto es dos más tres?» no sirve para esto. Pero algunos juegos de mesa constituyen buenas pruebas de la habilidad del niño con los números.

«En nuestra investigación, usamos un juego de mesa en el cual el niño tiene que ganarte yendo desde la cabeza hasta la cola del dinosaurio —dice Gardner—. El juego incluye una estrategia en la que el niño no puede jugar con sus propios dados, pero sí disponer los tuyos como quiera. Si un chico es capaz de disponer los dados de modo que, constantemente, tú pierdas y él gane, está exhibiendo habilidades tanto lógicas como matemáticas.»

Música

En general, los jóvenes dotados de inteligencia musical son atraídos hacia el mundo del sonido, tratan de producir por su cuenta combinaciones agradables de sonidos o piden repetidamente la posibilidad de tocar un instrumento. En un prodigio como Mozart, esta habilidad florece temprano y espectacularmente; la mayoría de los músicos profesionales recuerdan haberse inclinado hacia su profesión en la temprana infancia.

El contacto de los niños con la música en el hogar a menudo se halla limitado a lo que se oye en la radio o la televisión. Gardner aboga por dar a los niños la oportunidad de explorar sonidos y crear sus propias melodías. Por ejemplo, hay un juego especial de campanas que fue desarrollado por la pionera de la educación María Montessori. Dice Gardner: «Jugar con las campanas permite a los niños explorar el mundo del sonido, reconocer las alturas de los sonidos: más agudo, más grave, igual o diferente. Lo que asusta y lo que entusiasma. Y luego ver si pueden realmente crear pequeñas canciones propias.»

Razonamiento espacial

El razonamiento espacial es la habilidad para entender cómo se orientan las cosas en el espacio. Tiene que ver con la habilidad de apreciar las relaciones visuales-espaciales, tanto las que tenemos delante de nosotros, a la manera de un escultor, como las que abarcan una gama más amplia, como hace un piloto en un avión.

Uno de los signos más tempranos de esta habilidad es la destreza para construir cosas con bloques. Otra consiste en poder imaginar cómo se ve algo desde diferentes ángulos, una habilidad que facilita el proceso de armar y desarmar aparatos mecánicos. Poder encontrar el camino que rodea a algo es otro talento espacial.

No es infrecuente encontrar a un niño al que le va mal en los estudios pero sobresale en el trabajo con objetos mecánicos. Si se da a tales niños un reloj despertador o algún otro aparato, lo analizarán, encontrarán el modo de desmontarlo y luego volverán a montarlo.

Poseer una fuerte inteligencia espacial no predice si una persona será científica o artista, dice Gardner. Pero ofrece un fuerte indicio del tipo de científico o artista que podría llegar a ser.

Einstein tenía inmensas habilidades espaciales. Estas habilidades le permitieron usar un «experimento de pensamiento» en el que se imaginaba montado sobre un rayo de luz, para lograr un hallazgo crucial en su teoría de la relatividad. Leonardo da Vinci también estaba dotado de gran inteligencia espacial; no sólo era un pintor espectacular, sino que sus estudios anatómicos y las máquinas que proyectó —incluidos carros de combate y máquinas voladoras— dan muestra de un fuerte sentido espacial. Además, Da Vinci escribió poesía y canciones, pero nadie, según señala Gardner, canta sus canciones.

Movimiento

Al principio puede parecer raro considerar el cuerpo como la localización de una forma de inteligencia. Después de todo, la tradición occidental sostiene una distinción entre mente y cuerpo. Sin embargo, Gardner cree que la capacidad de usar el propio cuerpo, o partes de él (como la mano), para solucionar problemas o concebir un producto constituye un desafío intelectual similar al de una actividad como entender las relaciones causa-efecto.

El gran jugador de básquet Michael Jordan y la fallecida bailarina Martha Graham tienen en común el genio para el movimiento, o inteligencia cinética corporal. Los cirujanos y artesanos de todo tipo dependen de esta habilidad para usar el cuerpo entero, o partes de él, para hacer algo o solucionar un problema.

La mayoría de los niños comienza a mostrar sus habilidades de movimiento utilizando el cuerpo para solucionar problemas: orquestando juegos de pelota, inventando nuevos ejercicios o tallando madera. Esos niños —los que continúan razonando con el cuerpo y usándolo de maneras innovadoras— acaban siendo deportistas, bailarines, actores o ceramistas de éxito.

Inteligencia interpersonal

Así como tendemos a separar el cuerpo de la mente, tendemos a asociar la inteligencia con el conocimiento del mundo de las ideas más que con el del mundo de las personas. De hecho, no obstante, la habilidad de comprender a otras personas —qué las motiva, cómo trabajar en forma eficaz con ellas, cómo conducirlas o seguirlas o cuidarlas— es crucial para sobrevivir y prosperar en cualquier ambiente humano.

«Las pruebas de inteligencia tradicionales ignoran este conocimiento de otras personas, quizá porque los académicos que las diseñaron tendían a ser pensadores solitarios —comenta Gardner—. Pero si las pruebas de inteligencia hubieran sido inventadas por políticos o gente de negocios, esta forma de inteligencia encabezaría la lista.»

Agrega Gardner: «Incluso en algunos niños muy chicos es evidente una sensibilidad especial hacia los demás. Son aquellos que observan a los otros niños con gran atención o que son capaces de influir en los demás para que se comporten de maneras que les resultan deseables a ellos.» Y en el curso natural del día de un niño, esta inteligencia se muestra en lo bien que se lleva con sus pares y con los adultos. Mientras juegan, hacen música o cuentan cuentos, muchos niños dan indicios de esta habilidad. Un signo es ser un líder natural: el que lleva la delantera cuando un grupo de niños decide qué hará a continuación o el que tranquiliza las cosas y resuelve las disputas.

Noticias del pasado creativo

Todos sabemos que las personas creativas tienen pasión por lo que hacen. Hoy nos llega esta noticia de Inglaterra, donde el promisorio joven científico Charles Darwin se recupera de un caso leve de dolor de estómago. Parece que el joven Darwin estaba ayer en el campo recogiendo insectos raros. Reparó en un extraño escarabajo que se escurría por la corteza de un árbol. Cuando arrancó un pedazo de corteza descubrió que había otros tres más escondidos debajo. Le entusiasmó tanto incluirlos en su colección que se apresuró a tomar uno en cada mano y se echó el tercero en la boca. La creatividad puede llevarnos a exagerar un poco. Charles, esperamos que te mejores.

La inteligencia interpersonal incluye comprender a otras personas: saber qué las motiva, qué sienten y cómo llevarse bien con ellas. Un niño dotado en este aspecto podría mostrar una habilidad desacostumbrada para identificarse con otro que se ha caído y lastimado, o al que le ha ido mal en una prueba. En la adultez, es el núcleo del talento en campos como ventas, política, terapia y docencia.

Este tipo de don creativo puede poner en marcha vastos movimientos sociales. Gandhi, el gran estadista indio, desarrolló una estrategia de resistencia pasiva, no violenta, que logró expulsar a los británicos de la India. Este mismo talento ha sido desde siempre la fortaleza y la inspiración de héroes como Martin Luther King hijo y los estudiantes chinos de la plaza Tiananmen.

Inteligencia intrapersonal

La inteligencia intrapersonal consiste en conocerse a sí mismo. Una persona que posee un alto grado de inteligencia intrapersonal conoce sus fortalezas y sus debilidades, sus deseos y sus miedos, y puede actuar sobre la base de ese conocimiento en formas que le permitan adaptarse a las circunstancias.

Esta inteligencia se muestra en cosas como tener un sentido decisivo de las propias preferencias, o en la autodisciplina y la habilidad de perseverar ante las frustraciones. Incluso los niños pequeños muestran algo de autoconocimiento.

Al contrario de otras formas de inteligencia, es probable que el autoconocimiento se profundice durante toda la vida. Alentar a los niños a ser introspectivos —por ejemplo, a llevar diarios íntimos y releerlos— y llegar a conocer a personas contemplativas o «sabias» son buenas maneras de intensificar la inteligencia intrapersonal.

Uno de los grandes genios de este ámbito fue Sigmund Freud. Durante décadas se psicoanalizó él mismo, prestando especial atención a sus sueños y su significado. Mediante una combinación de las asociaciones libres de sus pacientes y su propio autoanálisis, Freud descubrió verdades sobre la vida interior de las personas, como la importancia de las relaciones tempranas con los padres para las relaciones de etapas posteriores de la vida. En el desarrollo del psicoanálisis, Freud dio con un método capaz de ayudar a la gente a obtener un sentido intrapersonal más fuerte: un camino al mayor autoconocimiento.

«A menudo esta inteligencia es invisible —dice Gardner—. Se reduce a conocerte muy, muy bien, y usar ese autoconocimiento en forma productiva. Hay personas con coeficientes de inteligencia muy altos que simplemente se golpean la cabeza contra la pared y no pueden llegar a ninguna parte con sus habilidades, porque en realidad no comprenden qué tipo de habilidades poseen que podrían ayudarles a progresar y qué propensiones se interponen en su camino.»

Bienvenidos los aprendices

La comprensión de estas categorías de inteligencia permite a los padres distinguir las zonas naturales de competencia del niño. Identificar estas inclinaciones naturales permite al niño explorarlas y construir lentamente un sentido de aptitud, que puede desarrollarse hasta convertirse en pericia. Un día esa pericia podría convertirse en el trampolín para la innovación.

Gardner ofrece una advertencia: «Es importante que los padres y maestros observen con atención a los niños y les permitan revelar sus tendencias intelectuales. Muchos somos narcisistas; o bien esperamos que nuestros hijos hagan lo mismo que hicimos nosotros o bien insistimos en que hagan lo que nosotros no pudimos o no tuvimos oportunidad de hacer. Estos dos caminos son destructivos, porque implican sustituir la voluntad del niño en desarrollo por la de los padres.» Como arquitectos del ambiente del hogar, los padres pueden exponer a los niños a una amplia variedad de materiales y experiencias, de modo que pueda surgir la inclinación natural del niño, sin importar a qué categoría pertenezca.

Desde luego, tal vez para los niños no baste sólo con investigar un interés propio. Por muy talentoso que sea un niño en el arte, por ejemplo, puede aumentar mucho su valor conociendo las técnicas de alguien bien versado en pintura. ¿Pero qué puede hacer un padre o una madre cuando un niño muestra pasión por algo de lo cual ellos no saben absolutamente nada? No siempre hay clases extraescolares de astronomía, tejido en telar, clasificación de insectos, ajedrez o aeromodelismo.

El viejo sistema de aprendices, según observa Cardner, brindaba una valiosa guía a los jóvenes. «Mucho antes de que tuviéramos escuelas, los niños aprendían un oficio estando con adultos en un taller o granja donde les indicaban qué debían hacer para ayudar. Tal vez empezaran con la sencilla tarea de barrer el suelo, pero al cabo de un tiempo podían cortar la tela, luego coser un poco. Y al cabo de cinco o seis años tenías un sastre en ciernes.»

Michael Spock, del Field Museum, de Chicago, tiene una idea brillante: reunir a un niño que tiene una intensa fascinación por determinado tema con una persona mayor que domine dicho campo. En este momento no existe una manera fácil de hacerlo. Pero, según propone Spock, así como hay pegatinas para poner en la entrada de las tiendas para avisar que se puede pagar con tarjeta de crédito, la gente que posee una pericia especial que quisiera compartir con niños podría poner anuncios semejantes en su puerta. Podría ser un pequeño tablero de ajedrez, un telescopio o un telar, como los símbolos de los distintos oficios que los artesanos colgaban en los viejos tiempos. De esa manera los niños de un barrio sabrían a qué adulto deberían recurrir para aprender determinada habilidad.

Esto sería maravilloso para mucha gente jubilada, que dispone de mucho tiempo y muchas habilidades para transmitir a niños ansiosos de recibirlas. Y, agrega Howard Cardner, «vincularía a las generaciones con un tipo de comunicación que va desapareciendo rápidamente».

Mientras la comunidad mundial madura en el tiempo posterior a la Guerra Fría, podría en verdad haber un renovado interés en los beneficios de la destreza y las tradiciones del sistema de aprendices. Las energías creativas reprimidas de los antiguos países comunistas podrían liberarse, generando una nueva ola de innovación y oficios de alta calidad.

Las relaciones económicas entre Estados Unidos, Japón y Europa podrían evolucionar hacia un sistema estable basado en la competencia creativa continua. Un resultado de esta comunidad global más evolucionada podría ser un alejamiento de la actual mentalidad «improvisada» hacia una visión más clara y menos impaciente del desarrollo y el aprendizaje humanos. En esta visión, el valor se pone en el surgimiento no forzado de la creatividad tanto grupal como individual, con especial consideración por la mente natural y espontánea del niño.

Escuelas divertidas
que funcionan

La creatividad al estilo italiano

Regio-Emilia es una ciudad del norte de Italia, no lejos de Milán. Durante los últimos cuarenta años, aproximadamente, algunos de los trabajos más innovadores en la educación de la primera infancia han tenido lugar allí en una «escuela de juegos» a la que concurren niños de entre dos y seis años. La escuela aplica el método de Montessori, así como los estudios de Piaget sobre los cambios evolutivos que experimentan los niños. Pero es una fusión propia, con un énfasis único en la espontaneidad individual y el esfuerzo del grupo.

Se da a los niños un enorme campo de acción en los recursos de que pueden valerse: pasan mucho tiempo al aire libre, visitando una variedad de lugares —desde granjas hasta antiguas plazas— y disponen de un rico conjunto de materiales en la misma escuela. El personal de la escuela conoce los tipos de problemas y acertijos que deben plantear a diferentes edades para movilizar la energía y la atención de los niños y atraerlos a proyectos significativos. Trabajar en tales proyectos —ya se trate de un dibujo, una escultura o un experimento científico— muestra a los niños que, si trabajan todos los días, mejoran y producen algo de lo que se sienten orgullosos y que también otras personas aprecian. El enfoque del jardín de infancia de Reggio Nell'Emilia combina la curiosidad natural de los niños con las satisfacciones sociales del esfuerzo de colaboración.

Un aspecto especial de la escuela es la participación total de los padres. De hecho, la escuela de Reggio Nell'Emilia fue creada después de la Segunda Guerra Mundial por un grupo de padres en un viejo cine. Con el tiempo, cuando la municipalidad se ofreció a apoyar sus programas, los padres fueron inflexibles en cuanto a que no se perdiera el espíritu de su proyecto. Uno de los padres recuerda: «Veíamos la participación de la familia como un derecho, un deber que la familia tiene hacia la escuela.» Hasta el día de hoy los padres se enorgullecen de que sea la escuela «de ellos», no de la municipalidad ni del gobierno.

Una madre manifiesta: «Queríamos un nuevo tipo de escuela, una nueva imagen de lo que el niño es y puede hacer. En esta ciudad pensamos que lo que haces por los niños pequeños es una suerte de inversión para el futuro.»

Al igual que muchas escuelas cooperativas, la de Reggio Nell'Emilia hace participar a los padres en tantas de sus actividades como sea posible. «Como madre, creo que no deberíamos delegar la educación de nuestros hijos en la escuela —opina Tiziana Filippini, madre y líder de proyectos de la escuela—. Eso es lo que me gusta de esta escuela. Desde el primer día que traje a mi hija Eliza, me pidieron que participara, que me involucrara en todas las formas posibles.»

Los maestros, dice Tiziana, «comienzan a hacerte participar aun antes de que lleguen los niños, en septiembre. Se reúnen contigo y te preguntan por tu hijo o tu hija. Te piden que vengas a la escuela y prepares sorpresas: juguetes, galletas, regalos, para dar a los niños en los primeros días de clase».

Los padres de cada curso se reúnen con regularidad, para hablar del desarrollo de los niños, resolver problemas, pensar ideas nuevas para los chicos. «Como padre o madre, te ayuda participar más plenamente en el crecimiento de tu hijo», agrega Tiziana.

Niente senza gioia —nada sin alegría— es una de las máximas de la institución. Se hacen todos los esfuerzos para que la escuela siga siendo un deleite para los niños desde el primer día.

«Creo que los niños esperan de los adultos la capacidad de ofrecer alegría —dice Loris Malaguzzi, directora de educación del distrito de Reggio Nell'Emilia—. Lo piden de todos y de todo. Si de verdad no transmite y recibe alegría, un adulto no puede fomentar un clima en el que los niños puedan inventar y crear.»

Malaguzzi compara la actitud de alentar el proceso creativo con las setas en crecimiento. «Hay muchas clases de setas: algunas que son hermosas pero no sirven para comer, otras que no son hermosas son maravillosas para comer, hay algunas que son las dos cosas y otras que no son ninguna. Para que los niños crezcan y se conviertan en las mejores setas, lo principal es que prepares un suelo lo más fértil posible. Y si crecen, crecen.»

Y eso, afirma, es lo que sucede con los niños en Reggio Nell'Emilia: se les dan amplias oportunidades para que brote su creatividad.

«La creatividad es una suerte de fantasía en constante evolución; nunca sabes cuándo aprovechará el niño esa fantasía —dice Malaguzzi—. Nos gusta acompañar a los niños lo más lejos posible en el reino del espíritu creativo. Pero no podemos hacer más que eso. Al final del camino está la creatividad. No sabemos si los niños querrán continuar en ese camino hasta el final, pero es importante que no sólo les hayamos mostrado el camino, sino también que les hayamos ofrecido los instrumentos: los pensamientos, las palabras, la afinidad, la solidaridad, el amor... que sostienen la esperanza de llegar a un momento de gozo.»

Una de las maneras en que se acompaña a los niños en el reino de la creatividad en Reggio Nell'Emilia es mediante la cuidadosa atención a los primeros brotes de curiosidad. Tiziana explica que, en lugar de limitarse a imponer alguna «actividad creativa», la escuela empieza a partir de una necesidad o deseo de los niños.

Campos de amapolas y murales

En la escuela Reggio Nell'Emilia el programa de estudios no se ha construido alrededor de temas, sino en torno de proyectos que implican un esfuerzo colectivo. Los niños se sumergen en una actividad, ya sea buscar un león de piedra en la plaza de la ciudad o ir a un campo de amapolas y recrear en arte la riqueza sensorial de ese campo.

En la primavera, las colinas de los alrededores de Reggio Nell'Emilia se cubren de alfombras de amapolas rojo y verde intenso, brillantes precursoras del verano inminente. Una niña lleva a la escuela un gran ramo de deslumbrantes amapolas rojas, eso enciende el entusiasmo de sus compañeros. ¿De dónde vienen las amapolas? ¿Cómo crecen? Para responder a estas preguntas, se organiza una excursión a los campos de amapolas.

Una vez allí, los niños retozan libremente. Juntan flores, corren por el campo, se entrelazan flores en el pelo, se esconden entre los altos tallos, examinan los insectos. Según expresó un niñito extático: «¡Esto es mejor que el helado!»

De regreso en la escuela, las amapolas se convierten en tema de nuevas investigaciones. Se proyectan diapositivas tomadas por una maestra, y los niños entran y salen bailando de las luminosas imágenes, bañándose en color. Luego un maestro propone que entre todos hagan un mural gigante inspirado en el viaje al campo de amapolas. El mural, según observa Tiziana, «es una especie de gran rompecabezas en el cual cada chico, según su sensibilidad, tiene que hacer un esfuerzo especial para contribuir a un hermoso trabajo de grupo. Esto significa utilizar tu espíritu individual, pero tomando también lo que el grupo puede darte, de modo que tu pensamiento será mucho más rico que antes».

El trabajo en equipo es una de las principales lecciones para los niños en la Reggio Nell'Emilia. «Tratamos de desarrollar la creatividad tanto en los individuos como en los grupos. Trabajar en un grupo puede ayudarte a producir algo más, a pensar en forma más amplia, a enriquecerte. De modo que nos preocupa crear un espíritu de colaboración», dice Tiziana. Al hacer el mural de las amapolas, señala Malaguzzi, «los niños comenzaron primero trabajando solos, a delinear la parte simple que iban a aportar al fresco. Después se reunieron y comentaron las ideas de cada uno de los demás, para decidir cómo unirlas. De esa manera aprenden cómo algo hecho por muchas personas puede de veras funcionar».

El proceso de pintar el mural importa tanto como el producto final. «No sólo son las imágenes que vienen de las manos y la imaginación de los niños lo que cuenta, sino también el diálogo que tiene lugar entre ellos mientras pintan. Yo diría que cada pincelada es el fruto de la individualidad del niño, y también el fruto de la armonía de las ideas de todos», observa Malaguzzi.

«Desde el punto de vista de una madre —dice Tiziana— también nos preocupa que los niños no pierdan su individualidad.» Los proyectos como el mural de amapolas muestran a los niños que la colaboración puede extender sus esfuerzos individuales. El resultado es una obra de alcance y complejidad que superan lo que podría producir cualquier niño individual: algo que toda la comunidad puede valorar especialmente.

Los proyectos de la escuela de Reggio Nell'Emilia hacen uso de toda la gama de inteligencias: espacial, de movimiento, musical y las otras. La mayoría de las escuelas se concentra en sólo dos tipos de inteligencia: la lingüística y la matemática o lógica. «Estos temas se colocan en la punta de la pirámide —dice Gardner—. Si eres bueno en lengua y lógica, te irá bien en la escuela y creerás que eres muy listo y muy creativo. Y mientras permanezcas en la escuela será una profecía autocumplida, puesto que esas dos son las inteligencias que se utilizan para determinar si alguien es listo en la escuela.

»Eso está bien si sigues en la escuela toda tu vida o si te gradúas de profesor, como yo. Pero la mayoría un día dejamos la escuela y salimos al mundo. En ese punto mucho de lo que se enfatizaba en la escuela resulta menos relevante, ya que la mayor parte de lo que la gente hace en la vida no requiere la fusión lengua/lógica, y la mayor parte de los caminos que sigue la gente, incluido el trabajar juntos en forma creativa, no se concentran particularmente en la lengua y la lógica.

»Las escuelas comunes son un excelente modelo para entrenar ciertos tipos de habilidades y a ciertos tipos de personas, en especial a maestros y profesores. Pero resultan deficientes en cuanto a aplicar toda la gama de la inteligencia humana.»

En suma, el contacto con una gama más amplia de habilidades que la que se ofrece en las escuelas comunes no haría más que estimular los talentos naturales de los niños. También sería una preparación más amplia, y mejor, para la vida.

Más allá de la cartilla escolar

En un barrio de una ciudad del interior de Indianápolis existe una notable escuela primaria llamada Key School. Es una institución donde la visión de Howard Gardner acerca de la creatividad forma parte integral del programa de estudios.

Cada día todos los niños entran en contacto con materiales destinados a estimular toda la gama de las habilidades humanas: en arte, música, informática, habilidades lingüísticas (como aprender español), matemática, juegos físicos. Más allá de eso, se presta atención a la inteligencia personal, el conocerse a sí mismo y a los demás.

Al igual que otras escuelas públicas, la Key School está abierta a cualquier niño de Indianápolis, aunque es tan popular que sus alumnos entran por sorteo. Los maestros de la Key School son elegidos teniendo en cuenta calificaciones únicas. Por encima y más allá de la experiencia docente normal, allí se valora a los maestros por sus habilidades especiales en las diversas áreas. Un maestro, por ejemplo, domina el lenguaje de los sordos, una habilidad que abarca tanto el terreno lingüístico como el cinético.

El objetivo de la Key School es permitir que los niños descubran aquellos ámbitos en los que muestran curiosidad y talento naturales, y que los exploren. Gardner explica: «La idea de esta escuela no es que debes descubrir esa única cosa en la que un niño es bueno e insistir en que se concentre sólo en eso. En virtud del hecho de que los niños están en contacto con todo todos los días, tienen muchas oportunidades de cambiar de parecer e ir en una nueva dirección. Creo que eso reduce la probabilidad de que cualquier chico llegue a la conclusión realmente trágica de: "No sirvo para nada.)

»Mientras exijamos un estrecha franja de desempeño escolar, como completar un cuaderno de ejercicios en el que llenas los espacios en blanco, o una prueba estandarizada en la que debes asegurarte de poner la marca en el lugar correcto, muchísimos chicos llegarán a la conclusión de que no poseen lo que hace falta.

»Pero si les das la oportunidad de usar el cuerpo, la imaginación, los sentidos, la posibilidad de trabajar con otros chicos, casi todos verán que son buenos en algo. E incluso el niño que no sobresale en algún aspecto tiene fortalezas relativas. En lugar de darle el mensaje convencional de: "Eres un tonto", debe decírsele: "Eres bastante bueno en estas cosas; pongamos más energía y esfuerzo en ellas."»

Para que el niño pueda realizar actividades que le den un sentido de logro y placer, la Key School ha creado una zona de juegos relativamente no estructurada llamada el Centro de Flujo. Este Centro se inspira en las ideas del profesor Mihalyi Csikszentmilhayi, de la Universidad de Chicago (véase p. 61). En un estado de flujo, el niño (o el adulto) se halla tan completa y gozosamente inmerso en una actividad que nada más parece importarle. La separación entre el que hace y lo que se hace desaparece. Existe un estado de completa absorción en el cual desaparece toda inhibición.

Tres días por semana, los niños de la Key School visitan la sala de flujo para jugar con una variedad de juegos, rompecabezas y objetos. Allí los chicos hacen lo que desean, por su propio placer, no porque se les asigne una tarea. No hay calificaciones ni evaluaciones «buenas» ni «malas». Un maestro toma nota del grado de involucramiento del niño en una actividad. Esto es en verdad un registro de la motivación intrínseca del niño, así como una indicación de lo que el niño de verdad disfruta y podría continuar haciendo más adelante en su vida.

Cada nueve semanas hay temas básicos diferentes, como Esquemas o Conexiones, o temas más específicos, como el Renacimiento en la Italia del siglo XVI y el «Renacimiento ahora» en Indianápolis. Cada niño diseña entonces un proyecto relacionado con el tema. Los proyectos no reciben notas. En cambio, cada niño lo presenta a sus compañeros, lo explica y responde preguntas. Todo el proceso se graba en vídeo, de modo que todos los alumnos de la Key School cuenten con un registro de su crecimiento y desarrollo a través de los años.

Tanto la escuela de Reggio Nell'Emilia como la Key School abogan por la colaboración y el trabajo en equipo. La lección aprendida de tal colaboración es que el todo es más que la suma de sus partes. Trabajando juntos, los niños ven que pueden compensar sus propias deficiencias y ofrecer a otros sus propias fortalezas.

Manadas

En la Key School cada niño, todos los días, puede elegir entre actividades que apliquen las siete inteligencias. Esto les permite explorar zonas de interés poco desarrolladas y trabajar en forma más intensiva en zonas más fuertes.

Cada niño participa en una «manada», un grupo de interés especial. Las hay de jardinería, arquitectura, planeo, etcétera. Un año hubo incluso una manada que planeó la manera de ganar dinero. Los niños eligen la manada en el que quieren estar y cada día se reúnen con otros niños de diferentes edades, junto con un adulto, para explorar ese tema. La manada se convierte en una especie de grupo de aprendices.

Todas las manadas aplican varias inteligencias, puesto que pocas actividades de la vida requieren sólo una. Por ejemplo, la manada teatral de danza étnica se basa sobre todo en la habilidad cinética corporal. Pero también hace uso de las inteligencias espacial y lingüística. En la manada de canto y señas los niños aprenden a usar la mímica con las letras de las canciones que cantan: una experiencia que exige habilidades musicales, lingüísticas, cinéticas corporales e interpersonales.

La colaboración es un deporte de equipo

El Hall de la fama del baloncesto está en Springfield, Massachusetts, la ciudad donde James A. Naismith inventó el juego. Pero hay algo de lo que poca gente se da cuenta; que, aunque él se llevó el mérito, la invención de este deporte fue en sí mismo un esfuerzo de equipo.

Alrededor de 1880 el Springfield College era un centro de educación física, el lugar adonde iban a perfeccionar sus habilidades los entrenadores del YMCA de todo el país. En el otoño, el juego que todos preferían era el fútbol americano. Pero cuando llegaban las nieves del invierno, todos debían trasladarse bajo techo, donde la única actividad posible en la época era la calistenia. Aburridos, los estudiantes se quejaban.

Naismith fue a ver al decano y le rogó un descanso de dos semanas de la calistenia para idear un nuevo juego de interior para el invierno. De modo que Naismith y sus alumnos comenzaron un intenso período de experimentación, en los que ellos eran los conejillos de Indias. El fútbol americano, según se dieron cuenta muy pronto, era demasiado rudo para jugar en una cancha cerrada. Lo mismo se aplicaba al fútbol y

———→

el lacrosse, los otros deportes populares de la época. Necesitaban un juego que minimizara la rudeza: de allí la regla de que los jugadores no podían tocarse, que el balón sólo podía tocarse con las manos y que los jugadores no podían correr con el balón en las manos. Y no debían utilizarse bates ni bastones, pues, dentro de un gimnasio, ello no hacía más que provocar problemas. Los jugadores tendrían que pasarse el balón de uno a otro.

Y así, tras día, Naismith y sus alumnos, a través de la prueba y el error, refinaron poco a poco el juego.

Al final del período de dos semanas, cuando se jugó el primer partido de baloncesto plenamente desarrollado, la única dificultad consistía en que, cada vez que se hacía un punto, debía pararse el juego mientras alguien subía con una escalera para sacar el balón de la red, que habían sujetado al balcón del gimnasio. Pero eso no constituyó un terrible problema aquella primera vez: el resultado final fue 1-0.

Al sumergir a los niños en actividades que les interesan naturalmente, la Key School echa los fundamentos de lo que Howard Gardner denomina «experiencias cristalizadoras»: contacto con una persona, idea o actividad que capte por completo su imaginación y atención. De tal experiencia cristalizadora puede nacer el trabajo de una vida.

El continuo esfuerzo por estimular la imaginación y el interés del niño es el núcleo de la filosofía educacional de la Key School. «Aquí tratamos de lograr —dice la directora, Patricia Bolanos— que se despierten en los niños tantas experiencias de flujo como sea posible. Porque de eso sale el deseo de hacer más y aprender más y aceptar un nuevo desafío. Si el niño sólo permanece en el mismo nivel de desarrollo en aquello que está haciendo, se aburre. Aquí no queremos que nadie se aburra; no existe razón alguna para que el aburrimiento se imponga nunca. En cuanto dominan un aspecto, pueden pasar al siguiente desafío. Y esto no debería parar aquí, en la escuela; debería convertirse en un estilo de vida.»

Por esa razón los maestros de la Key School se mantienen a la expectativa de aquellas actividades hacia las cuales los niños parecen particularmente atraídos. De hecho, el grado de motivación es tan importante que se convierte en parte de los registros escolares del niño.

«La mayoría de las escuelas se basan en el método de recompensar a los alumnos por hacer las cosas que deben hacer —dice Bolanos—. Nosotros hemos dado la vuelta por completo a ese concepto. Decimos que, en lugar de obligar a los chicos a que hagan cosas, debes darles oportunidades de involucrarse en actividades que les gusten.»

MUSEOS PARA NIÑOS

Completamente absorta, una niña tira de «la cola del diablo», la larga manija con que se hace funcionar una prensa de imprimir del siglo XVI. Tira una y otra vez, con crecientes vigor y autoridad. Envuelto en un poncho, un niño de una ciudad populosa saborea por primera vez una dulce bebida mejicana de chocolate. Una cabra permite las tímidas caricias de un niño tímido.

El ambiente es el Capital Children's Museum de Washington, D.C. Los museos para niños son relativamente nuevos. En la década de los setenta había apenas un puñado, pero en la última década han surgido 300 sólo en Estados Unidos. Un museo para niños se define no sólo por el público al que va dirigido, sino por la ingeniosa combinación de entretenimiento con educación. Es un ambiente amistoso para los niños, lleno de aparatos mecánicos y exhibiciones elaboradas que pocas escuelas pueden permitirse.

Los museos para niños sirven como antídoto a fuerzas más grandes que oprimen a los niños. Para los niños de clase media está el frenético ritmo de las clases consecutivas, las actividades fuera de horario escolar y los deberes que reflejan las presiones de tiempo de los adultos. Para los niños de las grandes ciudades se suma la atmósfera de pobreza, violencia y miedo. Sumemos a esto el hecho de que los niños pasan cada vez más tiempo sentados frente a un televisor y cada vez menos llegando a conocer a una variedad de personas diferentes y viendo cómo funciona realmente el mundo. «En estos tiempos hasta los juguetes se juegan solos; el chico no tiene que poner nada de sí —dice Ann Lewin, directora del Capital Children's Museum—. Pero lo primero que necesitas para la creatividad es alimentar al niño con la riqueza de la experiencia.

«Es casi como si tuviéramos que reinventar la infancia —continúa—. La sociedad no está en sintonía con lo que un niño necesita para crecer sanamente. Necesitamos encontrar formas nuevas que permitan a los niños crecer enteros, que permitan que florezca la creatividad, que dejen que la infancia vuelva a ser infancia.»

¿De dónde viene la leche? Del envase de cartón, por supuesto

En gran medida gracias a la televisión, los niños de hoy disponen de más información sobre una mayor variedad de lugares y cosas, pero tienen mucho menos experiencia en profundidad. En un sentido real, los niños saben más pero comprenden menos. La experiencia práctica que tenían los niños en épocas anteriores con la agricultura y los oficios les dejaba en claro que la vida es un proceso de hacer, y que un proceso tiene un principio, un medio y un final. Por medio de la rápida sucesión de imágenes y compresión de tiempo propias de la televisión se destruye este sentido de proceso, transmitiendo la ilusión de que las cosas simplemente «suceden».

Los niños rara vez tienen ocasión de ver el origen de las cosas que usan, y mucho menos cómo se hacen. «Las gaseosas llegan en una lata y la comida viene en envases que metes en el horno de microondas —dice Lewin—. Los niños no tienen forma de obtener una apreciación del tiempo y el trabajo que implica cultivar las plantas o criar las vacas que dan la leche que ellos beben.»

«En nuestros museos entran niños que nunca han tenido contacto con un animal de granja o que no tienen idea de cómo se hacen las cosas», descubre Lewin. El trabajo que hacía la gente, que siempre formó parte de la experiencia común del niño, ha desaparecido en gran medida de la vista en unas pocas generaciones. Las granjas y fábricas van desapareciendo. Lo que antes era lugar común ahora es raro: los barrios solían tener sus panaderías, sastres y talleres de reparaciones de cualquier cosa, desde aparatos domésticos hasta muñecas.

Una manera en que el Capital Children's Museum muestra el proceso es mediante una exhibición que recrea una fábrica de ropa en miniatura. Los niños pueden seguir los rollos de tela cuando llegan, ver el trazado del molde, la sala de corte y la de costura. Y, por último, la ropa se cuelga en perchas, se embala y se carga en un camión en el otro extremo de la fábrica. Esta exhibición revela los misteriosos pasos que tienen lugar antes de que las prendas aparezcan en los percheros de la tienda: la única forma en que la mayoría de los niños las han visto en su vida.

Lenguaje y espacio

En el Capital Children's Museum, un ala está dedicada a recrear aspectos de la vida mejicana, desde una cocina de Oaxaca hasta un pozo de aldea. Habitaciones y edificios en muchos niveles están conectados por un laberinto de rampas, escaleras, balcones, puertas. Pero no hay un itinerario marcado que se deba seguir a través de esta compleja exhibición; el niño tiene que encontrarlo por su cuenta. «Este espacio pone en juego la inteligencia espacial —señala Lewin—, que virtualmente se deja de lado en la educación formal. En el preescolar damos bloques y arena a los niños para que construyan. Después les quitamos esas cosas durante los doce años siguientes de su educación y esperamos que sean arquitectos e ingenieros.»

La destreza del niño con las palabras, las imágenes y los gestos que se usa para expresar ideas es esencial para la creatividad. En el museo, los niños pueden recorrer una sucesión de ambientes, cada uno de los cuales representa un estadio diferente de la evolución de la comunicación humana, desde el arte rupestre hasta la animación en vídeo. Las exhibiciones muestran los hitos de la historia del progreso tecnológico, hasta los medios electrónicos de hoy, de un modo que permite al niño, paso a paso, comprender la naturaleza de la comunicación.

El niño camina por el interior oscuro y sombrío de una cueva simulada del período glaciar. Manchones de luz en las toscas paredes revelan coloridos dibujos de animales, que sugieren que esas imágenes vívidamente pintadas pueden haber sido un medio vital de comunicación temprana. La salida de la cueva lleva a otra exhibición: la recreación de una imprenta de los tiempos de Gutenberg. Utilizando una robusta prensa, con tipografía, tinta y montones de papel, los niños se abren camino a través de los pasos sucesivos del proceso de impresión. «En una época de manipulación de los medios —dice Ann Lewin—, incluso esta serie de acciones sumamente simples puede constituir una experiencia liberadora, pues le dice al niño: "Yo puedo hacerlo. Yo también puedo crear un mensaje."»

Algunas de las experiencias más absorbentes tienen lugar en el laboratorio de animación en vídeo, que está decorado con dibujos originales de Chuck Jones. «Animar significa "invocar la vida"», dice Jones; usando una cámara de animación y una cinta de vídeo, el niño puede dar vida a sus dibujos en pocos minutos. Y, más allá del deleite de descubrir las leyes secretas del movimiento, el niño también puede comenzar a entender el significado y la importancia del «proceso». (Tras haber pasado media hora para producir un mínimo de movimiento en su historia animada de una carrera de bicicletas, una niña se vuelve hacia su amiga, suspira y le dice: «Imagina el tiempo que se necesita para hacer algo tan largo como *La cenicienta...* ¡Puf!») Una de las metas de Ann Lewin es despertar en el niño la apreciación del hecho de que toda la vida es un proceso. «La paciencia y la habilidad para trabajar a través de una larga serie de pasos —de figurarse las cosas— es un fundamento para la vida creativa posterior de los chicos», afirma.

En la vida, a menudo el trabajo creativo requiere que solucionemos problemas como integrantes de un grupo. Los desafíos puramente intelectuales de encontrar soluciones se entretejen con las exigencias emocionales de la colaboración y la competencia.

ODISEA DE LA MENTE

A Sam Micklus le encanta Fazio's, un inmenso almacén de materiales de construcción que hay en Nueva Jersey. En Fazio's se puede conseguir casi cualquier cosa. «Afuera tendría que haber un cartel que dijera: "Si nosotros no lo tenemos, tú no lo necesitas"», comenta Micklus mientras merodea por los corredores. Micklus se encuentra allí cumpliendo una misión: está buscando una extraña combinación de cosas que pueda utilizar para plantear desafíos creativos a niños y adolescentes.

Su búsqueda de objetos raros forma parte de la Odisea de la mente, un programa destinado a alentar la solución creativa de problemas. Como fundador de Odisea, Micklus plantea desconcertantes desafíos a los alumnos que trabajan juntos en equipos en una competencia internacional. Es un concurso de creatividad, en el cual los concursantes son juzgados por su ingeniosidad más que por su prolijidad. No existe una respuesta correcta; sólo la más imaginativa. Es una suerte de Olimpíada infantil de la innovación. En 1990 participaron más de un millón de estudiantes de todo el mundo.

«La Odisea de la mente no plantea ninguna receta para solucionar problemas. Todos tienen su propio modo de solucionarlos», dice Micklus.

«En mi opinión, un gran grupo de solucionadores de problemas son los niños que viven en granjas, pues están acostumbrados a observar a sus padres improvisar cuando algo va mal. Si tienen que subir a un camión un toro de mil kilos y el animal no quiere entrar, ¿qué hacen? No llaman a un movedor de toros; piensan una manera de hacerlo.»

Trabajar en equipo es esencial para el desafío de la Odisea. «En el mundo de hoy muy pocas personas hacen algo creativo por sí solas —comenta Micklus—. Casi todo lo que debemos hacer es un esfuerzo grupal. Tenemos que trabajar juntos, depender uno de otro, negociar unos con otros. Ésa es una tremenda habilidad para toda la vida.» Los equipos que mejor funcionan, según afirma Micklus, son los que intercambian ideas y generan docenas de soluciones creativas antes de decidir cuál se llevará a la práctica.

Más allá de lo correcto e incorrecto

«Creo firmemente que la creatividad puede enseñarse —dice Micklus—. El pensamiento creativo es una habilidad y puede refinarse como cualquier otra.» Agrega, sin embargo, que una manera de matar la creatividad es plantearse preguntas sobre correcto/incorrecto y penalizar a los niños por las respuestas incorrectas. El antídoto de la Odisea: preguntas abiertas, limitadas sólo por las fronteras de la imaginación.

«Si ofrecemos a los jóvenes preguntas o problemas que para ellos tienen soluciones abiertas, adelantamos mucho —continúa Micklus—. En lugar de decirles: "Así es como debes hacerlo", optamos por la visión opuesta: "Éste es el problema; busca la solución." Si alguien nos hace una pregunta, la respondemos con otra pregunta.»

Un año, por ejemplo, se desafió a los alumnos a crear una especie de ser robótico, un personaje que tuviera una cara capaz de mostrar emociones. Y además la idea era que ese personaje riera y llorara actuando en una comedia original.

Otro desafío consistió en diseñar, construir y conducir un vehículo propulsado por un movimiento similar al de los remos, utilizar el vehículo en una carrera y encontrar una forma imaginativa de representar visual y espectacularmente a tres países que el vehículo podría haber visitado.

Un clásico problema de la Odisea consiste en hacer que un equipo monte una estructura de madera balsa y pegamento a partir de módulos que han fabricado ellos. La estructura debe ser estable y soportar el mayor peso posible. Tienen quince minutos para realizar el montaje con las partes prefabricadas hechas por el equipo.

Una de las ideas fundamentales es que los chicos «rompan los esquemas» usando de una manera insólita un objeto de todos los días. Por ejemplo, Micklus comenta acerca de un gato hidráulico: «Demoré años en pensar un modo de usar esa herramienta en un desafío porque cuando el pistón del gato sube, produce una enorme cantidad de energía. De modo que desafiamos a los chicos a construir un vehículo que pudiera propulsarse con el movimiento del pistón de un gato hidráulico.»

Problemas como éste exigen una inventiva cuidadosamente pensada. Por ejemplo, éste podría ser un modo de usar el gato hidráulico para propulsar un vehículo: imaginemos una viga larga que gira en un punto de apoyo, como un subibaja. Si colocáramos el gato debajo de la viga, cerca de un extremo fijo al suelo, entonces el otro extremo subiría al elevarse el gato. Y a causa de la fuerza del pistón, esa viga podría mover una soga, que a su vez podría hacer girar un eje...

Por supuesto, probablemente tú ya lo habías pensado.

Nada menos que «excelente»

La naturaleza competitiva del programa Odisea aporta un nuevo toque al espíritu creativo. La competencia no enfrenta a los niños; los pone a trabajar codo a codo, fusionando el acto creativo con la búsqueda de la excelencia.

Existe un papel para la competencia una vez que se ha dominado un aspecto: el de aumentar el desafío. Según lo ve Micklus. «Si damos a un alumno un proyecto que hacer, tendemos a decir: "Bueno, esto está bastante bien", aunque sepamos que no está del todo bien. Pero si están compitiendo, los chicos dicen: "Bueno, si no está del todo bien, hagámoslo bien. Prestemos atención a los detalles. Hagamos esto lo mejor que podamos."» Esa búsqueda de la excelencia es un elemento que la naturaleza competitiva de Odisea agrega al acto creativo.

«Una parte de lo que hacemos para poner en marcha la creatividad consiste en lograr que, al despertarse por la mañana, los chicos se sientan de veras entusiasmados por lo que van a hacer. Si no se conforman con algo que está sólo bien, sino que quieren algo excelente, habrán aprendido una lección para toda la vida que les ayudará a hacer una verdadera contribución importante. Cuando la gente va ese paso más allá, cuando se da el ciento diez por ciento... eso es lo que separa a una sociedad buena de una excelente.»

Noticias del pasado creativo

Tal vez ahora Chester Greenwood, de trece años, lleve una vida un poco más abrigada.

Al igual que muchos de nosotros, los estadounidenses del siglo XIX, Chester patina en el hielo del viejo estanque junto con sus amigos, aunque esté bastante harto de que se le enfríen las orejas. Sin embargo, al contrario de otras personas, se ha propuesto algo para solucionarlo. Con un poco de alambre, tela, relleno y la ayuda de su abuela, ha inventado un aparato para ponerse en la cabeza. Cuando hace poco apareció en el estanque llevando su invento, sus amigos se rieron de su aspecto ridículo y lo llamaron una y otra vez «orejas de alce». Pero a medida que iba haciendo más frío, los chicos dejaron de reírse: tuvieron que regresar a sus casas. Chester, en cambio, siguió patinando.

Ahora el invento de Chester está de última moda. Algo que todavía no se sabe es qué nombre ponerle. ¿Calientaorejas?

3

LA CREATIVIDAD
EN EL TRABAJO

El mundo de hacer, buscar, llevar, comprar y vender al cual das la mayor parte de tu vida laboral está regido por ciertas leyes, obsesionado por ciertos defectos (que tal vez tú puedas ayudar a curar) y amenazado por ciertos peligros que quizá puedas ayudar a prevenir.

H. G. WELLS

La clásica comedia musical de Hollywood *How to Succeed in Business Without Really Trying* (Cómo triunfar en los negocios sin intentarlo de verdad) satirizaba la forma tradicional de jugar el juego de los negocios. En una canción, el perenne empleado de la oficina de correspondencia explica al ambicioso recién llegado, J. Pierpoint Finch, cómo trepar en el mundo empresarial.

El empleado le dice que, cuando él entró en la empresa, en sus tiempos de joven impetuoso, se había dicho: «No tengas ninguna idea.» Y no ha tenido una en años, según asegura a Finch con orgullo. Jugó a lo más seguro, a «la manera de la empresa». ¿Cuál es su punto de vista? No tiene ninguno. Lo que piensa la firma... él también lo piensa. Jugando a la manera de la empresa, según admite nuestro empleado, nunca llegará a lo más alto. Pero si no corre ningún un riesgo, sin duda seguirá allí año tras año.

How to Succeed ridiculizaba la conformidad y el miedo innato a la innovación que dominaba en épocas pasadas. Pero los tiempos han cambiado... ¿o no? Leamos las francas observaciones de un ejecutivo contemporáneo que tiene veinticinco años de experiencia como gerente de alto nivel en una firma multinacional:

La empresa de hoy debe cambiar profundamente... Gran parte de la energía de nuestros empleados se gasta en represión, en esconder la verdad, ocultar problemas, negarse a enfrentar la realidad... Esta sensación de estar encajonado resulta exacerbada por la amenaza que suele hacerse a los gerentes: «Si usted no puede hacerlo, encontraré a alguien que pueda.» Dentro de la mayoría de las corporaciones existe poca tolerancia con la insubordinación o la crítica pública. La gente ve las mentiras y los abusos, la destrucción de los pocos que se atreven a ser osados, iconoclastas y creativos. Perciben la falta de confianza, el miedo que resulta palpable en los corredores y oficinas. En las reuniones manifiestan la patología del «pensamiento masificado»; cuando un gerente pide que se planteen problemas o expresen puntos de vista diferentes, la única respuesta es el silencio. Los empleados corporativos de Estados Unidos de hoy viven con terror a equivocarse, a cometer un error, a ser rebajados de categoría o neutralizados. En general, los que tienen la temeridad de decir la verdad al poder sufren por ello, y el resultado neto es que la empresa queda atascada en la ciénaga de su línea ideológica.

Sin embargo, por muy fuertes que resulten estas palabras, los negocios necesitan cada vez más trabajadores que posean una mentalidad independiente, que estén dispuestos a correr el riesgo de dar su opinión, que se sientan libres de reaccionar en forma imaginativa al cambio: en una palabra, que sean creativos. La creatividad requiere que la cultura corporativa aliente la expresión más abierta y mucho más segura de lo que a veces pueden resultar ideas nuevas irritantes o perturbadoras. Requiere que la gente esté entrelazada en equipos de colaboración.

La pregunta es: ¿cómo hace una empresa para ir de un punto en que sus empleados temen correr riesgos y en realidad no confían unos en otros, a un punto en que resulte seguro proponer ideas nuevas? Esta pregunta ha adquirido una nueva urgencia porque el lugar de trabajo y la misma naturaleza del trabajo han sufrido notables cambios. Cada vez más empresas dependen, para sobrevivir, de su habilidad para reaccionar con rapidez a las cambiantes demandas de los consumidores en cuanto a nuevos productos y servicios.

Ahora los negocios compiten en un mercado global, en el cual los competidores deben adaptarse a la innovación continua.

Las compañías individuales que no logran responder en forma flexible al cambio ya están por cierto condenadas al fracaso. Pero hay mucho más en juego. Las economías de países enteros dependen de las capacidades creativas emergentes de su pueblo. Como nunca antes, la calidad general de la vida de un país depende de la aplicación de la inteligencia, incluso de la sabiduría, para la solución de problemas en el trabajo.

Reformar el lugar de trabajo

De la máquina al organismo

La necesidad de creatividad está cambiando la manera en que se organiza el lugar de trabajo y el trabajo de los empleados. Estos cambios se centran en el uso y la interpretación de la información: la base de las ideas. El futuro de una empresa depende de en qué medida adquiera, interprete y actúe a partir de la información. Por ejemplo, el fracaso de Detroit en la década de los setenta cuando no llegó a comprender debidamente el deseo de los estadounidenses, que querían coches que no consumieran demasiado combustible, permitió que los fabricantes japoneses invadieran el mercado automotor norteamericano.

En la actualidad la difusión de las tecnologías de información —incluidas las computadoras y las bases de datos— en todos los lugares de trabajo está ocasionando un cambio generalizado en el mundo de los negocios. Como observa Shoshona Zuboff, de la facultad de la empresa de Harvard, las compañías intentan usar estas tecnologías para reunir datos acerca de sus propias operaciones en un proceso de continuo aprendizaje y mejoramiento. Estas nuevas corrientes de información deberían permitir que las empresas refinaran sus productos y servicios constantemente y mejoraran su producción, distribución o marketing. Pero, según afirma Zuboff, «las máquinas inteligentes exigen trabajadores inteligentes».

Las tecnologías nuevas y elaboradas no bastan. Por sí mismas son como un coche de avanzado diseño que no tiene conductor ni destino. El completo proceso de reunir y utilizar información es definido en última instancia por trabajadores que son «listos» en el sentido más amplio: que tienen percepciones frescas y están dispuestos a hacer preguntas agudas.

Cómo interpretan los empleados la información —cómo le encuentran sentido y deciden qué significa— es tan importante como la información en sí misma. La interpretación constituye, de hecho, un acto creativo. Pero el grado de creatividad es influido por nuestros sentimientos, incluidos aquellos que están en los bordes de nuestra conciencia. Nuestra creencia en que podemos dar nuestra opinión sin miedo a represalias, nuestra sensación de que los demás confían en nosotros, la confianza en nuestra propia intuición... todo esto afecta la manera como respondemos a la información que tenemos delante. Sólo necesitamos recordar algunas instancias dolorosas, como el desastre del *Challenger*, en el que algunos ejecutivos presumiblemente racionales fueron —a pesar de la información adecuada— reacios a actuar o incapaces de emprender las acciones debidas.

Puesto que la creatividad se vale tanto de los hechos como de los valores de una persona, de lo consciente y lo inconsciente, lo analítico y lo intuitivo, un ambiente laboral creativo de verdad requiere el entusiasmo y el compromiso de la persona entera. Por ejemplo, en la facultad de la empresa de la Universidad de Stanford, un curso de creatividad tiene como tema: «¿Quién soy? ¿Cuál es mi trabajo?» Al alumno se le pide que reflexione sobre su verdadero potencial: el que da significado y satisfacción a su vida, así como un movilizador sentido de propósito.

Hay muchas formas en las que el espíritu creativo puede encontrar expresión en el lugar de trabajo. La creación de nuevos productos es la más obvia, pero existen otras, como brindar mejor servicio a los clientes, introducir innovaciones en la administración, mejorar los métodos de distribución o aplicar ideas nuevas para financiar el negocio. Las ideas creativas también pueden usarse para fortalecer la organización en sí, por ejemplo, aumentando la iniciativa de los empleados. Encontramos una innovación semejante en la eliminación de descripciones de tareas burocráticas y restrictivas que «etiquetan» a los trabajadores y limitan su desempeño. Otra idea (aplicada con éxito por una fábrica sueca y otras en Brasil y Estados Unidos) es la de compartir toda la información financiera —como el balance semanal de caja— con todos los empleados. La eliminación de los tradicionales secretos corporativos ayuda a los empleados a comprender la realidad mayor del negocio y los alienta a tener ideas propias que reduzcan los costos y aumenten los ingresos.

Los cambios que mejoren el lugar de trabajo son el resultado de los esfuerzos combinados tanto de dirigentes como de empleados. Los líderes empresariales innovadores pueden crear un clima que dé poder a los trabajadores; al mismo tiempo los empleados pueden pedir asignaciones de tareas que hagan valer sus capacidades únicas. Cuando tanto los gerentes como los empleados adoptan una perspectiva creativa, en el lugar de trabajo comienza a tener lugar un cambio sutil pero potente. Se aprecia más el proceso del trabajo, no simplemente el producto final. Se valora que los empleados puedan aprender cosas nuevas, desarrollarse personalmente y expresar sus opiniones e ideas. La organización se considera menos como una suerte de enorme máquina impersonal y más como un complejo organismo vivo guiado por una inteligencia vivaz que necesita ser estimulada continuamente.

Qué podemos hacer

Ya que la solución creativa de problemas requiere el compromiso psicológico de la persona entera, el lugar de trabajo moderno debe sufrir cambios vitales. De los esfuerzos de empresas pioneras de todo el mundo están surgiendo un conjunto de ideas que pueden transformar la psicología del lugar de trabajo.

Más allá de la jerarquía

Una idea consiste en reducir los efectos negativos de la jerarquía, es decir, «aplanar» la pirámide corporativa. Los negocios son más productivos cuando los que se hallan en las primeras líneas —en contacto con los clientes— tienen más responsabilidad y acceso a una gama más amplia de información sobre la organización entera. A los empleados se les permite usar esta información, junto con su intuición, para tomar inmediatas decisiones críticas. Una virtud cardinal es entonces la confianza en la capacidad de la gente, en lugar de la adherencia ciega en «los procedimientos de la empresa».

Un refugio seguro para las ideas

Esto significa tener buena disposición para dejar que las ideas surjan libremente y ser receptivo a ellas. Significa poner freno al cinismo y las críticas implacables, de modo que los empleados se sientan libres de hacer sugerencias iconoclastas e incluso formular preguntas que podrían parecer «tontas». Esto requiere valorar los enfoques tanto intuitivos como analíticos de la solución de problemas, reconociendo que las emociones y los valores subjetivos desempeñan un papel clave en la generación de nuevas ideas. Esto exige un clima de respeto, un ambiente en que las personas tengan la seguridad de compartir sus inspiraciones con los demás.

El hombre que odiaba a su jefe pero amaba su trabajo

Aquellos que nos encontramos trabajando en circunstancias poco agradables podemos inspirarnos en esta fábula del lugar de trabajo moderno.

1. Había una vez un hombre que amaba su trabajo y a sus compañeros. Y ganaba bastante bien.

2. Pero había un detalle desagradable: su jefe.

3. De hecho, el jefe le hacía la vida tan insoportable que el hombre podía hacer una sola cosa: decidió renunciar.

4. Así que fue a la oficina de un cazatalentos para conseguir un nuevo empleo. Pero seguía muy desdichado, porque en realidad quería quedarse donde estaba.

5. En el colmo de su desesperación, al hombre se le ocurrió una idea muy creativa. ¿Cómo no lo había pensado antes? Volvió a la agencia del cazatalentos y les dio el nombre y el currículo de su jefe.

6. La agencia encontró un empleo mejor para el jefe, que lo aceptó muy contento.

7. Mientras tanto, el hombre se quedó en su trabajo y meses después lo promovieron al puesto que antes había ocupado su jefe.

Algo más que un simple empleo

Una tercera idea clave es la de expandir el significado mismo del trabajo. Dentro de la misma empresa, el lugar de trabajo puede convertirse en un ambiente humano y hogareño, e incluir servicios y comodidades como una guardería infantil. Puede ser un ambiente físico que despierte los sentidos, promueva la relación informal entre gente con diferentes funciones en diferentes niveles y permita momentos de relajación mental durante la jornada laboral.

El significado del trabajo puede transformarse también cuando la empresa cumple un papel más amplio en la comunidad. Si responde a necesidades sociales de la comunidad y reconoce que no sólo crea riqueza y que además influye en la calidad de la vida de la gente, una empresa puede convertir el trabajo en «algo más que un simple empleo». Un ejecutivo lo expresó de esta manera: «Deja de ser sólo un negocio para convertirse en un movimiento.»

Mujeres y hombres pioneros

Las que acabamos de plantear son ideas atrayentes pero poco prácticas. Funcionan realmente en el actual mundo de los negocios. En este capítulo veremos que algunas empresas pioneras —y las mujeres y los hombres que las dirigen— han puesto estos principios en acción. Entre los lugares y personas conoceremos a:

- **Anita Roddick,** la empresaria británica del año, fundadora y presidenta de Body Shop International.

Negocio poco ortodoxo desde sus comienzos, Body Shop vende su propia línea de cosméticos naturales. Sus productos se basan en consejos de belleza tradicionales, muchos de ellos recogidos en culturas del Tercer Mundo, y se fabrican sin hacer pruebas en animales. Además, en lugar de fotos de modelos perfectamente maquilladas, los escaparates de Body Shop muestran pósters que promueven la conciencia ecológica.

Roddick recuerda que, cuando empezó: «Éramos ingenuos con respecto al funcionamiento de los negocios. No sabíamos que podías tomarte libertades con la verdad. Por ejemplo, la mayoría de las empresas no ponían nada de *henna* en su champú de *henna*, sólo le agregaban un perfume que ellos suponían que olía a *henna*. De modo que nosotros sacamos a la venta un champú de *henna* que contenía el producto verdadero. Lamentablemente, el *henna* huele a bosta de caballo. Pero sentíamos que debíamos ser honestos, así que dijimos: "No se preocupen si huele un poco a bosta de caballo; es la henna."»

Para la corriente dominante de la industria de los cosméticos, el enfoque de Body Shop parecía casi ridículo, y sus probabilidades de supervivencia, muy magras. En la actualidad el Body Shop posee más de 500 locales en cerca de 40 países, y un índice de crecimiento anual del cincuenta por ciento. Y ahora las principales empresas de cosméticos siguen el ejemplo de Roddick, al introducir líneas de cosméticos naturales.

En Body Shop la creatividad se incita mediante el cambio constante. Dice Roddick. «La creatividad se logra rompiendo las reglas, anunciando que estás enamorada de un anarquista.» Resume de esta manera su actitud como empresaria: «Debes estar constantemente abierta a sugerencias y no tener una retórica que transmita a la gente que la escucharás y luego no harás nada.»

Roddick cree que «una empresa puede conducirse de una manera moral: ganar dinero pero realizar la espiritualidad en el lugar de trabajo. Introducir la espiritualidad en el lugar de trabajo es muy parecido a decir: «¿Por qué la manera como actúo en mi lugar de trabajo debería ser diferente de como me relaciono con mi familia en casa?» Es asegurarse de que la empresa funcione sobre principios femeninos, en que la ética principal es la preocupación y el amor por los demás».

- **Yvon Chouinard** no se propuso fundar una de las empresas de elementos deportivos más innovadoras del mundo. En absoluto. Su empresa, Patagonia, situada en el sur de California, fue producto de su pasión por el montañismo y su necesidad de contar con un buen piolet, esa especie de púa aguda que los escaladores clavan en las laderas de los riscos.

«Me interesaba mucho el montañismo, pero no había buenas herramientas disponibles —recuerda Chouinard—. Así que, cuando tenía dieciocho años, decidí salir a comprar una pequeña fragua de carbón y un yunque, unos martillos y tenazas, para fabricar mis propios piolets. Traté de mejorar los únicos que se conseguían en esa época, que venían de Europa. Eran de acero dulce y podías usarlos una sola vez. Así que decidí intentar hacerlos con un acero de mucha mejor calidad.

»Hice unos cuantos para mí; después hice algunos para los amigos y después, bastante pronto, comencé a venderlos. Así fue. No es que hayamos inventado el equipo de montañismo, pero introdujimos muchas innovaciones.»

En realidad, según cuenta Chouinard, el negocio fue creciendo casi sin que él se diera cuenta: «Llegó a un punto en que ya no podía simplemente fabricar unos cuantos piolets por día. Tenía que fabricar más y más, y ahora contamos con quinientas personas trabajando aquí.» En 1990, Patagonia tuvo ingresos de 120 millones de dólares y un índice de crecimiento anual del treinta por ciento.

El precio de ese éxito, dice Chouinard, es que «me he convertido en un experto en papeles. Pero, para despejarme la mente de vez en cuando, conservo la herrería que monté aquí y trabajo un poco. Porque esto es lo que realmente me gusta».

La manera casual en que Chouinard se inició en los negocios es completamente típica y se ve reflejada en su estilo de administración poco convencional. «Me había convertido en un comerciante, lo admitiera o no, pero decidí que, si seguía adelante, lo haría según mis propios términos —comenta—. Hacerlo así significa violar las reglas.»

Una de las reglas que Chouinard viola tiene que ver con su decisión de no competir en forma frontal con otras empresas de su industria. «Tratamos de hacer productos no competitivos —dice Chouinard—. No quiero fabricar el mismo producto que otra empresa, porque entonces tendría que competir frontalmente en calidad, precio, distribución, publicidad, es decir, todas las formas normales de vender cada vez que tienes un producto que es idéntico al de alguien.

»En lugar de eso, prefiero invertir mi dinero y mi energía en disponer de un fuerte departamento de investigación y desarrollo. De ese modo podemos sacar a la venta productos únicos, que no tienen competencia. Con esos productos corremos lo más rápido posible y vendemos todos los que podemos, hasta que los competidores nos copian. Entonces dejamos ese producto y tomamos una dirección completamente diferente. Intentamos hacer las cosas de manera distinta de como te indican los libros de negocios.»

- Imagina una empresa sin jerarquía. Una empresa donde el poder esté repartido y no concentrado en el vértice de la pirámide. En la que no hay secretos financieros y cada trabajador puede conocer el balance semanal de caja de la empresa. En la que todos comparten la responsabilidad. En la que se alientan el crecimiento personal y la iniciativa independiente, porque ello realza el todo. ¿Un sueño utópico?

En absoluto. Existe en Estocolmo, Suecia.

Skaltek diseña, fabrica y vende maquinaria pesada utilizada por la industria de alambres y cables. Las máquinas de Skaltek, hechas por encargo según las especificaciones de los compradores, se venden en todo el mundo, y el éxito de la empresa se debe en parte a la manera poco acostumbrada en que respalda la creatividad de sus trabajadores.

El fundador de Skaltek, Öystein Skalleberg, era ingeniero; había trabajado durante demasiados años en empresas tradicionales y no le agradaba la forma en que funcionaban. No podía soportar la competencia, la desconfianza y la distancia artificial entre la gente. Encontraba desagradables los secretos de la empresa y el hábito de ocultar información a los empleados. No podía participar en esa mentalidad corporativa de «defender mi parcela dentro de la jerarquía».

De modo que Skalleberg dejó la antigua empresa, con la visión de iniciar su propia compañía. En Skaltek nadie tiene un título que le confiera algún nivel privilegiado; todos tienen un solo y el mismo título. No existen descripciones de puestos predeterminadas, y los trabajadores que construyen una máquina pueden ser los mismos que la venden al cliente. De esta manera, la información sobre el uso de las máquinas puede convertirse directamente en ideas para mejorarlas.

Algo tal vez más radical: todos los empleados llevan a cabo una reunión semanal, en la que se realiza un informe completo del balance de caja de la semana anterior: ventas, gastos... todo. Plena divulgación. Y como todos conocen todos los datos sobre entrada y salida del dinero, las retribuciones se fijan abiertamente y son discutidas por todos.

- Existen otras maneras de cambiar la psicología del lugar de trabajo de modo que los empleados sientan la suficiente confianza para expresar sus ideas con libertad. Uno de los enfoques más insólitos se halla representado por un curso de aprendizaje y aventura en exteriores, que se ofrece a los empleados de la Midwest Energy Company, en Sioux City, Iowa, Estados Unidos. El programa, llamado «Jugar para ganar», es conducido por el Pecos River Learning Center de Santa Fe, Nuevo México, Estados Unidos. El curso es un rito de pasaje destinado a enseñar a los empleados de esa firma —incluidos los jefes— que es bueno arriesgarse, cambiar la rutina, incluso estar asustado ante los compañeros de trabajo. La idea es que no se castiga a los osados.

Durante el programa, los empleados de la Midwest Energy, que se conocen principalmente por medio de sus funciones cotidianas, se encuentran con los demás con una nueva inmediatez e incluso vulnerabilidad. En cierto sentido es como conocerse por primera vez, a causa de los desafíos físicos y emocionales que enfrentan juntos. Por ejemplo, la Corporate Tower es una difícil escalada en vertical por una pared de quince metros llena de clavijas. Los compañeros de trabajo están unidos por resistentes cuerdas, de modo que deben coordinar su ascenso y ayudarse entre sí.

Actividades como ésta son una oportunidad para el crecimiento personal y el esfuerzo de equipo. A medida que los empleados enfrentan cada uno de estos desafíos —y la mayoría de la gente los encuentra bastante atemorizantes—, el apoyo de sus compañeros de trabajo les da el valor necesario para llevarlo a cabo hasta el final. Cuando un gerente se dispone a descender por una cuerda desde una plataforma tan alta que marea, da un gran primer paso, en sentido tanto literal como figurado.

Larry Wilson, director del Pecas River Learning Center, hace hincapié en que «la mayoría de las personas encuentran en su vida muchas situaciones en las que sencillamente no están dispuestas a dar el primer paso. Pero si aceptan dar ese primer paso, todo lo que sigue será bueno».

Más allá de la jerarquía

La necesidad de jerarquía es, en su mayor parte, un supuesto que está más allá de todo cuestionamiento en el mundo de los negocios. Como observa Anita Roddick. «El ámbito de los negocios es una institución profundamente conservadora. En Inglaterra se rige por los principios de jerarquía, de manera muy semejante al mundo militar. Que Dios te ayude si aparcas el coche en el sitio del presidente de la firma.»

Si bien el éxito dentro de una jerarquía tiene sus privilegios, también puede exigir un precio terrible. Junto con un cargo elevado viene el miedo de perder ese puesto. Para protegerse, un gerente jerárquico a menudo buscará eliminar las amenazas controlando el flujo de información. Se suprime la información perturbadora o decepcionante. La cantidad inflada del número de bajas y los pronósticos calculadamente optimistas del tipo de «la luz al final del túnel» que caracterizaron a los que dirigían la guerra de Vietnam constituyen buenos ejemplos de la jerarquía descontrolada.

Ascender por la escala jerárquica puede significar mantener en la oscuridad a rivales potenciales, aunque esos rivales sean compañeros de trabajo capaces de hacer importantes contribuciones dentro de la empresa. Puede significar desmerecer u ocultar información que no confirma las expectativas o no satisface metas predeterminadas. Es posible que la destrucción del *Challenger* se haya debido, en no pequeña medida, a la mala disposición de los niveles ejecutivos a dar pleno crédito a ciertas perturbadoras informaciones de ingeniería, referentes a materiales aislantes defectuosos.

Tradicionalmente, el atractivo de un sistema jerárquico ha radicado en que permite a los que están arriba transmitir instrucciones a mayor cantidad de gente, con poco o ningún miedo a ser cuestionados. El antiguo modelo de este sistema era la monarquía, con su suposición nuclear de que toda sabiduría y todo conocimiento emanaban de una autoridad de inspiración divina. Como bien muestra la historia, uno de los resultados de esta caprichosa noción fue que los sistemas jerárquicos se hallaran plagados de engaños y desasosiego debido a la gente que luchaba por el poder entre bastidores. Aunque la vieja tradición de la autoridad no cuestionada —ejemplificada en otros tiempos por el clero y los militares— nunca ha desaparecido por completo del mundo de los negocios, resulta claro que ha perdido su utilidad.

Una razón de ello es que hoy los gerentes no dependen tanto de la instrucción como de la información. Jan Carlzon, presidente y director de Scandinavian Airlines System (SAS), explica que la información es lo opuesto de la instrucción. «La instrucción te indica lo que no está permitido hacer, cuáles son tus límites —opina—. Pero la información te dice cuáles son tus posibilidades. Una persona que tiene sólida información no puede rehuir la responsabilidad.»

El estilo de dirección empresarial en el que la información se acumula en la cúspide y las decisiones fluyen desde lo alto conduce a un trabajo hecho en forma mecánica, sin inspiración. Jan Carlzon dice: «Nosotros controlábamos a la gente en el trabajo dando órdenes e instrucciones, indicándoles hasta el mínimo detalle que debían hacer... aunque nunca teníamos ninguna sensación o información real acerca de lo que en verdad querían los clientes. Lo peor del asunto era que las instrucciones realmente equivalían a decir a los empleados lo que no se les permitía hacer; eran sólo un modo de limitar su responsabilidad.

«Pero hoy hace falta abrir las cosas, de modo que la gente pueda aceptar responsabilidades —continúa Carlzon—. Tienes que darles la autoridad que necesitan para tomar decisiones en el acto. Eso lo logras diciendo a la gente adónde quieres llegar como empresa, y la estrategia que quieres utilizar para llegar allí. Entonces das a los empleados la libertad, dentro de los límites de tu estrategia comercial, para actuar a favor de la compañía.»

Cargo laboral: Leonardo da Vinci

Una de las maneras en que se hace responsable la gente de Skaltek es firmando su trabajo. Cada máquina que sale por la puerta lleva las firmas del diseñador, el ingeniero y los trabajadores que la fabricaron. Esa insignia sirve como un vínculo personal con el cliente.

Firmar su trabajo significa que en Skaltek se trata a todos, literalmente, como a artistas. «Todo ser humano es un Leonardo da Vinci —dice el fundador de la empresa, Öystein Skalleberg—. El único problema es que él no lo sabe. Sus padres no lo sabían, y no lo trataban como a un Leonardo. Por lo tanto, la persona no se convirtió en un Leonardo. Ésa es mi teoría básica.»

Esta filosofía ha llevado a la cultura corporativa única que distingue a Skaltek. Tomemos como ejemplo el tema de los cargos laborales y las tarjetas comerciales. En Skaltek todos tienen una tarjeta comercial idéntica, que lleva una foto de la persona, su nombre y número de teléfono, y el título: «Persona responsable.» Dice Skalleberg: «No creo en los títulos, porque en el instante en que das uno encasillas a la persona y haces una declaración que define qué es la persona. Si tuviéramos un título, ¿cuál sería? "Leonardo da Vinci" o "Posibilidades ilimitadas" o algo así.»

Pero hay una manera más concreta en que la gente se autodefine en Skaltek. «Los productos muestran quiénes son. El producto es un resultado de las personas implicadas: sus pensamientos, sus ambiciones, sus necesidades, su esfuerzo por alcanzar la calidad. Aquí no tenemos control de calidad —dice Skalleberg—. Todo se construye sobre la base de la responsabilidad individual. Podría decirse que cada persona es un controlador de calidad... y trabaja gratis veinticuatro horas cada día.»

La idea fundamental es que una vez dada la responsabilidad un trabajador comienza a desarrollar una conciencia moral acerca de su trabajo. Este sentido de la responsabilidad está realzado por el hecho de que los muchos que diseñan y construyen las máquinas también las acompañan cuando son entregadas y muestran a los clientes cómo deben manejarlas. En consecuencia, los trabajadores de Skaltek crean un vínculo personal con sus clientes.

Si la gente tiene la responsabilidad de cómo hace sus tareas, tiene la libertad de encontrar soluciones imaginativas a los problemas que se le plantean. En Patagonia, dice Yvon Chouinard. «El papel de la dirección empresarial es el de animar el cambio, de arrojar el guante y decir: "Éste es el estándar que fijaremos."»

Por ejemplo, en Patagonia se tomó la decisión de dejar de usar la máquina para coser botones que para este trabajo se usaba en toda la industria de la vestimenta. ¿La razón? Las puntadas pueden deshacerse con suma facilidad. De modo que se fijó un estándar: ningún botón de Patagonia se caería nunca, pasara lo que pasara.

«Simplemente arrojamos el guante y planteamos el desafío —dice Chouinard—. Entonces, en la empresa todos tuvieron que resolver el problema. Eso obliga a la gente a ser imaginativa y adaptarse. Y también contribuye a hacer un excelente producto.»

Ser dueño de los resultados

Cuando Sarah Nolan fue nombrada presidenta de Amex Life Assurance, heredó una empresa que respondía con indolencia a las necesidades de los clientes. Había una rígida jerarquía de empleados, poca comunicación entre las personas que desempeñaban diferentes tareas y menos todavía entre los diversos niveles de la jerarquía.

Cuando ella llegó desde Nueva York a la sede de la empresa en San Rafael, California, los ejecutivos le dijeron que había problemas insolubles y que eso sencillamente formaba parte del modo de hacer las cosas en el negocio de los seguros. Sin embargo, Nolan pidió a cinco gerentes diferentes de la empresa que establecieran una oficina en un parque comercial desocupado, lejos del edificio principal. Enfrentados a una oficina vacía y al pedido de la presidenta de que hicieran cambios radicales, se dispusieron a reinventar una división de la organización.

Como lo expresó uno de esos cinco gerentes, el director de servicios al cliente: «Bajo la vieja manera tradicional de administrar la empresa, yo estaba totalmente aislado; tenía una oficina grande; para verme, la gente debía pedir una cita.» Esas deficiencias de la jerarquía se eliminaron con una serie de cambios drásticos:

- Los gerentes diseñaron una oficina abierta, sin tabiques, al contrario de las oficinas rígidamente divididas típicas en el ramo de los seguros.
- Los niveles jerárquicos se redujeron de diez a tres.
- Con una computadora en cada escritorio, todos tenían acceso a toda la información necesaria y podían utilizarla, incluida aquella que antes se reservaba a los niveles directivos más altos.
- Se recibieron bien las ideas innovadoras.
- Se anularon las rígidas distinciones laborales, lo cual creó un ambiente en que se dio a los empleados mayor responsabilidad y todos se hallaban preparados para desempeñar todas las tareas.

El resultado: la compañía pudo responder a las necesidades de los clientes como nunca lo había hecho. El tiempo que llevaba procesar las solicitudes y solucionar los problemas de los clientes cayó en picado. Y las utilidades generadas por ese sector aumentaron el setecientos por ciento. «Es asombroso —comenta Nolan— ver qué lejos llega la gente cuando es dueña de los resultados.»

Una manera de lograr que los empleados sean «dueños de los resultados» de su trabajo es hacerles tomar conciencia del verdadero estado financiero de la empresa. En Skaltek, por ejemplo, no existen los secretos financieros. Permitir que los empleados sepan todos los datos acaba por involucrarlos en todo. Skalleberg considera que éste es un beneficio mayor: «Si de veras quieres obtener cooperación y trabajo en equipo, tienes que involucrar a la gente no sólo en una parte de la cuestión, sino en la totalidad de ella.»

Una de las formas en que esto se lleva a cabo en Skaltek es la reunión de los lunes por la mañana que se denomina «Información de balance de caja». Allí todos se enteran exactamente del giro de dinero de la empresa en esa semana, cuántos pedidos entraron, todos los detalles que normalmente suelen reservarse a unos pocos privilegiados de los niveles superiores de la dirección.

«Tenemos un movimiento comercial de unos cien millones de coronas cada semana, y hemos llegado a tener veinticinco millones en metálico neto... y nunca ha sido un secreto —dice Skalleberg—. Toda la gente lo sabe. En otras empresas dicen que, si das a la gente ese tipo de información, te saltarán encima a pedirte una paga más alta. Pero eso no es cierto, nada de eso. Ellos están orgullosos de lo bien que nos va. Pero al cabo de unos meses ven que los veinticinco millones de esta semana bajan a doce, o diez. Y luego empiezan a comprender cómo son realmente los negocios.»

Declara un empleado de Skaltek: «Nosotros sabemos cuánto cuesta la máquina que vendemos y cuánto dinero ganaremos en una venta. Y además sabemos el resto de los costos, como sueldos y viáticos, impuestos y amortizaciones.» Un mejor sentido del costo real de las cosas y qué está produciendo cada persona, da a los empleados de Skaltek una idea más realista de lo que debe cobrar cada uno. «Me resulta completamente natural saberlo todo —agrega el empleado—. Si trabajas a oscuras, en realidad no sabes cuál es tu contribución.» Otro empleado dice: «Mi paga fue fijada abiertamente por todo el equipo. Todos tienen una opinión sobre ella, y eso me hace sentir bien.»

Skalleberg observa: «Aquí nadie sabe quién fijará lo que cobre el año próximo, porque involucramos a todos en el tema.» Y agrega con tono burlón: «Por lo tanto, deben sonreír para todos lados y tratar de servir a todos.»

Ausencia de juicio

El mayor obstáculo para vivir una vida creativa es la voz de la culpa y la crítica que llevamos dentro: la voz de juicio, o VDJ, para abreviar. ¡Una buena manera de comenzar a ocuparse de ella consiste en reconocer que la tienes! Tómate un momento para recordar una ocasión en que se te haya ocurrido una idea y hayas vacilado o temido verbalizarla o ponerla en práctica. Tal vez más tarde otra persona hizo lo mismo que habías pensado tú, y te sentiste mal por no haber puesto en práctica tu idea. La VDJ es esa parte de ti que primero te hace temer hacer algo y después te deprime por no haberlo hecho.

La VDJ adopta diferentes formas. La voz de tu interior es en general la más atemorizante, pero también está el juicio de los demás, incluidos los de origen cultural como las reglas de etiqueta que desalientan la conducta social «no convencional». Una vez que te atrapa, la VDJ puede llevarte a un laberinto de negatividad, incluida la siguiente situación absurda. La VDJ te desalienta cuando quieres hacer algo Después la VDJ te hace sentirte deprimido por tu escasa voluntad. A continuación, tu VDJ te condena acremente por estar deprimido (no forma parte de tu propia imagen de ti mismo). ¡Luego viene un amigo y te regaña por no haber llevado tu idea a la práctica y haberte deprimido!

En la mayoría de las personas el espíritu creativo y la VDJ libran una continua y encarnizada batalla. Incluso antes de que tus ideas lleguen a la conciencia, y ni hablar de que den frutos; la VDJ puede cortarlas de raíz con una andanada de mensajes negativos.

—¿Quién crees que eres tú?

—¡PAF!

En general con esto basta para matar tu idea incipiente, pero si no lo consigue, la VDJ puede continuar atacando hasta que la idea haya muerto:

—Admítelo; eres muy poco digno de confianza en tu trabajo.

—Pensarán que estás loco.

—Quedarás como un imbécil.

—Seguro que es una buena idea, pero tú nunca podrás presentarla

—Recuerda que tu padre y tu madre nunca llegaron a nada.

—Si fracasas en esto, nunca tendrás otra oportunidad.

—Mejor cierra la boca y que lo haga otro.

Esta guerra mental continúa durante todo el día, afectando interacciones mundanas que podrían, paradójicamente, ser cruciales para tu bienestar.

Por ejemplo, digamos que sientes el impulso de saludar a un conocido en el trabajo o en un restaurante. En el momento crítico la VDJ ataca: «¿No ves que está hablando con otra persona? No eres tan importante como para interrumpirlos.» El impulso inicial queda aplastado. ¿Quién sabe adónde podría haberte llevado ese contacto?

La VDJ suele instilarse en la infancia, cuando nuestros padres, maestros y otras figuras de autoridad tratan de enseñarnos la manera correcta de comportarnos, condimentando sus buenos consejos y exhortaciones con palabras como «pelmazo», «tonto», «imbécil» y, quizás algo más importante, empleando un tono de voz y una expresión facial que pueden tener un efecto emocional duradero en un niño. Esta VDJ es internalizada y tal vez la llevemos con nosotros el resto de la vida.

Ahora bien, tú podrías argumentar: «Esa VDJ que tú condenas es lo que me indica hacer lo correcto. Sin ella, habría cometido muchos errores en mi vida». Éste es un ejemplo de cómo tu VDJ trata de defenderse oscureciendo la distinción entre pensamientos que inhiben (la VDJ) y pensamientos que animan, que nos ayudan a progresar.

Ambas voces hacen una evaluación crítica de las cosas, pero el espíritu con que hablan es radicalmente diferente. Una se arraiga en el miedo y nos reprime; la otra se basa en la curiosidad y el deseo de mejorar. Nos permite perseguir nuestros objetivos con inteligencia.

Lo pequeño es lo mejor

El tamaño afecta la creatividad en el lugar de trabajo. La grandeza, por su naturaleza misma, aparece antitética a la expresión efectiva de las ideas de un individuo. El mejor ambiente para el trabajo creativo parece desarrollarse en la escala de una familia relativamente numerosa, en la que todos los empleados pueden llegar a conocerse.

Esto sugiere que las corporaciones grandes y monolíticas deberían descomponerse en unidades más pequeñas, semiautónomas. Un defensor de este enfoque es Jim Collins, profesor de la facultad de la empresa de la Universidad de Stanford. «A medida que nuestra sociedad ha ido evolucionando de pequeñas a grandes organizaciones —dice Collins—, ha sofocado la innovación. Antes solíamos tener pequeñas escuelas locales; ahora tenemos grandes sistemas escolares. Antes teníamos médicos familiares; ahora tenemos centros médicos inmensos y burocratizados. Antes teníamos reuniones municipales en las que oíamos las voces de todos; ahora tenemos enormes elecciones en las que muchas personas no se presentan a votar. Todo tiene un tamaño exagerado.

»Desde luego, cuando se hacen las cosas en gran escala se logran ciertos ahorros. Pero pierdes algo: esa veta creativa. Lo enorme genera conformismo.»

La historia del crecimiento económico de Occidente muestra que su prosperidad se basa en gran medida en una sucesión de saltos innovadores hacia adelante. Estos saltos —la invención de una tecnología, un producto o un servicio absolutamente nuevo— han tendido a ser la obra de pequeñas empresas o divisiones semiindependientes de corporaciones.

Esto demostraría, afirma Collins, que es preciso considerar los beneficios de dividir las corporaciones en unidades cada vez más pequeñas, encontrando una autonomía dentro de un todo mayor. «Silicon Valley —dice Collins— es un lugar donde compañías pequeñas, y pequeñas partes de grandes compañías, han podido salir a flote por su cuenta sin que las ahogaran las grandes burocracias. Ha habido desprendimientos de grandes firmas, cada uno concebido por un atrevido grupo de visionarios. Ha sido como tomar un gran diamante y cortarlo en unos más pequeños, y luego hacer que cada uno volviera a crecer hasta convertirse otra vez en un diamante grande.»

El jazz como modelo de trabajo

Existen pocos equipos creativos más estrechamente ensamblados que un conjunto de jazz en el momento culminante de su creación. Cada músico toca solo; sin embargo entre todos crean una sola textura musical. El jazz es un buen modelo de trabajo creativo en pequeños grupos.

Benny Golson, músico de jazz y compositor de la música de la serie de televisión *El espíritu creativo*, describe cómo trabajan los músicos en conjunto: «Ante todo, la colaboración es una cuestión de elección. Pero una vez que se hace la elección, se consiguen resultados porque esas dos o tres más personas que están colaborando confían unos en otros.

»Pero entonces, una vez que lo haces, es como el acero trabajando el acero: uno lima al otro. Tiendes a llenar los huecos que el otro no consideró. Una persona se convierte en un barómetro de la otra. Y una persona alienta a la otra.»

La confianza mutua es lo que permite que el grupo de jazz despegue: «Entras en otra zona, y no estás solo. Vas con otra gente, y el objetivo es crear. Y eso puede resultar muy excitante... mientras cada uno confíe en el otro.»

Escalar juntos

Un equipo armonioso, que utiliza las fortalezas y habilidades particulares de cada miembro del grupo, puede ser más listo y eficaz que cualquier integrante individual de ese grupo. Robert Sternberg, psicólogo de Yale, lo denomina «CI de grupo»: la suma total o incluso el producto de los talentos de cada persona del grupo. Lo que le falta a una persona puede ser compensado por otro miembro del equipo; la brillantez de cualquier integrante es compartida por todos. Cuando un equipo es armonioso, el CI del grupo es más alto. De este modo se valora más a un líder capaz de crear un equipo que trabaje en forma pareja, un líder que conozca las virtudes de compartir, confiar y alentar.

La innovación exige dos requisitos básicos: la creación de una idea nueva, y su implementación. Aunque a un inventor solitario puede ocurrírsele una idea novedosa, cada vez es más difícil llevarla a la práctica en el mercado sin reunir un equipo de apoyo. Y es cada vez más frecuente que los grandes hallazgos provengan de los esfuerzos de un equipo. La siguiente generación de supercomputadoras, de medicinas creadas a partir de la ingeniería genética, de recursos energéticos renovables, con toda probabilidad surgirá de esfuerzos de colaboración.

El valor de la colaboración aparece más naturalmente en culturas como la de Japón, donde la armonía del grupo constituye un valor cardinal. Resulta una lección más ardua de aprender en culturas como la norteamericana, en la que desde siempre se ha idolatrado al héroe solitario y en la que muchas veces los objetivos individuales se colocan delante de los del grupo. Pero incluso quienes están acostumbrados a trabajar solos pueden aprender las ventajas del trabajo en equipo.

Una manera de despertar a la gente a los beneficios del trabajo en equipo es la actividad de la Corporate Tower en el Pecos River Learning Center, donde los empleados de Midwest Energy realizaron un curso de entrenamiento. El proyecto Tower utiliza el escalamiento simulado realizado en una pared de quince metros de altura salpicada de clavijas. Tres personas encaran la torre a un tiempo unidas entre sí con cuerdas especiales: una metáfora de acción para la cooperación creativa. Esta actividad es una demostración concreta de la máxima: «Tengo que hacerlo pero no puedo hacerlo yo solo».

La razón: cada persona que escala no puede ir más rápido ni más arriba que las otras dos con las que está enganchada. «A medida que subes más y más alto por la torre, la situación se vuelve más excitante —explica Larry Wilson, del Learning Center—. Es realmente necesario que se apoyen entre todos, que se alienten entre todos, tender la mano y ayudar a alguien. Y debes estar dispuesto a pedir ayuda, cosa que, para algunos de los hombres, es algo muy difícil de hacer para los más machistas.

»Pero cuando se meten en esta situación se descubren pidiendo ayuda y recibiéndola, y descubren también que les va mejor cuando obtienen esa ayuda. Esto forja un equipo: tres personas en una situación de verdadera presión, que se desempeñan en un nivel mucho más alto de lo que esperaban.

El líder como provocador

¿Cómo haces para que un grupo joven y entusiasta de trabajadores se mantenga en estado de alerta creativo? Anita Roddick plantea algunas ideas fuera de lo común.

«Debes tener la habilidad de sorprenderlos —dice Roddick—. Cuando visito mis locales en todo el mundo, hacemos una reunión, me siento y les pregunto: "¿Qué es lo que de verdad les fastidia de nosotros?"

»Al principio, por supuesto, piensan: «¿De veras esta mujer ha dicho fastidiar? ¿Se atreve a sugerir que la empresa se equivoca y estropea las cosas?" Tienes que echar abajo sus nociones de que eres una gran empresaria o una empresa gigante y exitosa. Cuando rompes las barreras que crean estos modelos, puedes pasar a las preguntas que de veras importan: ¿Qué sienten acerca de su trabajo? ¿Qué les gusta de él? ¿Cómo puedo hacer que su trabajo sea más estimulante?

«El único papel que me queda en esta empresa es el de motivar y desafiar, abrir nuevos caminos, nuevas formas de crear una experiencia para que te sientas vivo. Porque te garantizo que vender crema hidratante no hace sentir vivo a nadie.

»Pero les encantaría poder romper las reglas y ser atrevidos en el ambiente de trabajo, porque nuestra sociedad los ha condicionado para no desafiar nada. De modo que nosotros simplemente les damos oportunidades para ese desafío.

»Por ejemplo, cuando hicimos nuestra campaña de reciclaje, imprimimos veintiocho millones de bolsas de papel para productos de Body Shop. Simples bolsas de papel, todas de papel reciclado. Y reclamamos al gobierno: "¿Por qué no imprimen ustedes las facturas del gas, del teléfono y de la electricidad en papel reciclado!" Anunciamos la idea en afiches que colgamos en nuestros locales; dijimos a los consumidores cuántos millones ahorraríamos cada año, cuántos árboles salvaríamos. Y por mero descaro —y éste es un ejemplo de creatividad en el trabajo— también incluimos el número de teléfono o la dirección del administrador con quien podrían tener contacto. ¡Los bombardearon con quejas! Sólo tienes que mostrarle a la gente la manera de hacer las cosas, y eso los pone a pensar en otro plano.

»Tienes que dar a la gente libertad para jugar y correr riesgos. Por ejemplo, cada viernes por la tarde todos nuestros laboratorios de investigación y desarrollo están cerrados, pero puede entrar cualquiera que quiera jugar a hacer productos. Y si se les ocurre un producto brillante, lo fabricamos, lo lanzamos al mercado y pagamos regalías a esa persona. Eso amplía las cosas.»

Este nuevo estilo de liderazgo, que da a los empleados el permiso y la protección para hacer uso de su potencial creativo, es absolutamente esencial en el mundo de los negocios de hoy. Es un reconocimiento de que una idea original de un solo empleado puede dar una ventaja competitiva a una organización.

Sólo hace una o dos décadas que en muchos países e industrias de todo el globo la demanda de productos y servicios era mayor que la producción. Ello permitía a algunos dirigentes empresariales el lujo de conducir la firma desde la sede central de la manera que quisieran, y los clientes debían aceptar lo que recibían. Pero en la actualidad la competencia global, que prácticamente hace caso omiso de las fronteras, ha puesto al cliente en el sitio del conductor como nunca había pasado antes. Una empresa que quiera competir se ve obligada a escuchar el mercado y detectar las preferencias de los clientes. La ventaja competitiva radica en una respuesta imaginativa en la línea límite donde la empresa se encuentra con el cliente.

«El momento de la verdad está dondequiera que trates con los clientes —opina Jan Carlzon, de SAS—. Si los satisfaces, entonces la empresa se encuentra en buena forma. Pero si esos momentos se manejan mal, dejas un tendal de clientes insatisfechos y, en última instancia, un negocio que fracasa.»

Agrega, sin embargo, que la respuesta imaginativa no puede lograrse desde la distancia de la sede central: «Es allí, en las primeras líneas, y no atrás, en las oficinas centrales, donde tienes acceso a la información que necesitas para usar tu intuición con el fin de tomar las decisiones acertadas». El resultado, según argumenta Carlzon, es que el ámbito empresarial debe repensar por completo cómo está organizado, de modo que mucha gente pueda compartir el poder de la toma de decisiones, antes consolidado en el vértice de la pirámide.

«El único recurso real del que dispones es el cliente que está dispuesto a pagar lo que tú ofreces —cree Carlzon—. Si comprendes eso, entonces sitúas al cliente en lo más alto de tu organigrama. Y junto a los clientes pones a la gente que está ahí afuera trabajando con ellos, que enfrentan al cliente todos los días. Y das a esa gente la libertad y la responsabilidad, así como la autoridad, para tomar decisiones en el acto para el provecho de la compañía.

»Entonces ves que la administración, la gerencia, que antes ocupaba las casillas más altas del organigrama, debería estar abajo. Nosotros deberíamos ser las unidades de apoyo de la gente que está en el frente de batalla, allí afuera, con los clientes.

En la nueva visión que ofrece Carlzon, la dirigencia empresarial tiene un propósito radicalmente diferente: servir a aquellos que se encuentran cara a cara con el cliente, haciendo lo que sea necesario para permitir que esas personas representen a la firma.

Heurística:

Di «Hola» y luego «Adiós» a tu VDJ

Durante todo el día tienes oportunidades de practicar maneras de derrotar a tu VDJ.

En el espíritu de «conoce a tu enemigo», empieza

$\longrightarrow$

a tomar conciencia de cómo opera tu VDJ. Trata de comprender de dónde viene. ¿Con qué frecuencia aparece durante el día? Aquí tienes un ejercicio para hacer:

- Piensa en una persona con la que tienes una relación íntima o con quien trabajas en estrecha colaboración Toma un papel y escribe en la parte de arriba: «El problema con (nombre) es...», y haz una lista de tus principales críticas con respecto a esa persona; por ejemplo. «No cumple con sus tareas», o: «Siempre pretende ser el centro de atención.» A continuación, en una hoja encabezada «El problema conmigo es...», haz una lista similar con respecto a ti mismo.

  Ahora compara las listas. ¿Tus críticas a ti mismo son semejantes a tus críticas a la otra persona? Si en cierto grado es así, no te sorprendas. Hace mucho que los psicólogos están familiarizados con un fenómeno llamado «proyección». En esencia, «proyectar» significa atribuir a los demás cualidades y defectos que, por diversas razones, somos reacios a reconocer en nosotros mismos.

  Estas listas pueden ayudarte no sólo a darte cuenta de cómo funciona la VDJ contra ti, sino también cómo se inmiscuye en tus relaciones con los demás.

  Cada vez que te encuentres con la persona de tu «lista de problemas», toma nota de las críticas de la VDJ que acudan a tu mente. Apuntar estas críticas te permite tomar cierta distancia, y esta nueva perspectiva al final te permite deshacerte de ellas.

  Al mismo tiempo, ten presente que quizá los problemas que tengas con esa persona se deban justamente a estas críticas. Es entonces cuando te conviene recurrir a tu compasión, que te ayudará a reformular las críticas, de modo que se conviertan en una reflexión valiosa en lugar de un insulto.

Adaptación para la supervivencia

La creatividad, desde luego, significa algo más que el gran avance. Las empresas necesitan también desarrollar prácticas constantes que permitan introducir pequeñas mejoras y refinamientos en los productos y servicios. Paradójicamente, la fuente de algunas de las mejores ideas del mundo se encuentra en reverenciadas tradiciones. No existe mejor ejemplo de esto que Japón.

En Japón algunas de las personas más creativas del país dedican mucho tiempo a adaptar y refinar con meticulosidad ideas existentes. Este proceso de continuos arreglos y ajustes genera productos hermosos y extraordinariamente exitosos. Es una manera diferente de crear, de claros orígenes culturales.

Kenneth Kraft, profesor de estudios budistas en la universidad Lehigh, se halla sentado en el templo Daisen-in de Kyoto, en un jardín tan venerado en Japón que es considerado un tesoro nacional.

«Japón es un país muy pequeño, de modo que por razones prácticas tuvieron que figurarse cómo hacer ciertas cosas en un espacio limitado —observa Kraft—. Este jardín, por ejemplo, tiene sólo tres metros y medio de ancho por catorce de largo. En las fotografías parece más grande, pero es muy pequeño; sin embargo dentro de este espacio cerrado han creado un paisaje entero.»

La noción subyacente al jardín es la de ver un espacio limitado como una zona muy extensa, incluso como un símbolo del universo. Esa idea tiene su trasfondo en la filosofía Zen.

«Aquí se puede ver que en un momento muy temprano de la cultura japonesa toda la noción de miniaturización estaba ya altamente desarrollada —señala Kraft—. Si miras con atención, ves que se ha creado una sensación de profundidad con las piedras del fondo. Aunque sólo las separa una estrecha franja de grava, de algún modo parecen muy lejanas, aunque en realidad estén casi al alcance de la mano. Los japoneses han visto que mediante la miniaturización pueden lograr mucho en un espacio muy pequeño.

»Hay muchos otros aspectos de la cultura japonesa en los cuales la miniaturización es el principio organizador: desde los *bonsai* hasta las filmadoras y grabadoras de mano. Así como un jardín Zen parece contener todo el universo, estos diminutos productos electrónicos comprimen en un espacio extraordinariamente pequeño un mundo de potencia tecnológica.

»Otro aspecto de este jardín que resulta revelador es el tipo de adaptación que muestra. Los japoneses son muy diestros en el arte de la adaptación. En la época que se construyó este jardín, Japón estaba muy influido por China. Pero cada vez que Japón tomaba algo prestado de China, no se limitaba a tomarlo y descartar lo que allí hubiera originalmente. Habitualmente era capaz de desarrollar a la vez el elemento prestado y el autóctono, y luego combinarlos de maneras novedosas.

»Tenemos una imagen de Japón como una suerte de comprador internacional, que sólo elige lo mejor de cualquier cultura a que se encuentre expuesto. Pero en realidad es bastante más complejo que eso. Llevar algo de una cultura a otra significa que debes adaptarlo a las nuevas circunstancias. No puedes tomar prestado sin adaptar... y la adaptación puede ser algo muy creativo.

»Por ejemplo, la fabricación de estarcidos para diseños textiles es una tradición de más de mil años en Japón. Han sido utilizados durante siglos para hacer estampados para quimonos. Las mismas técnicas de diseño con plantillas se adaptaron también a la fabricación de papel hecho a mano; el papel para paredes japonés todavía se hace así.»

A medida que declinaba el mercado del papel hecho a mano, una empresa, Kyotek de Kyoto, pasó a la fabricación de circuitos impresos para computadoras de exquisita complejidad. La pericia era la misma; el producto, por entero nuevo. De manera similar, las empresas japonesas de cerámicas han mostrado el camino en el desarrollo de usos nuevos, de alta tecnología, de la cerámica, utilizando y adaptando los antiguos métodos de los alfareros japoneses.

Así Kyotek y muchas otras firmas japonesas no sólo conservan las artes tradicionales, sino que continúan creando productos nuevos que provienen de esas tradiciones: una necesaria adaptación para la supervivencia en un mercado mundial competitivo.

Abejas obreras y abejas exploradoras

Una empresa creativa logra un equilibrio entre aquellos que tienen una inclinación innovadora y los que mantienen todo en funcionamiento. Lo óptimo es obtener una combinación de las dos cosas. «Existe una tensión natural entre los que podríamos llamar tipos corporativos de "ley y orden" y la gente creativa —dice Carlzon, de SAS—. Las personas de «ley y orden» son controladores que quieren que un negocio funcione de acuerdo con reglas y rutinas fijas, que sea predecible, etcétera. Para ellos, "libertad" quiere decir estar libre de experimentos, de incertidumbre. Su punto de vista está reñido, naturalmente, con las personas creativas y buscadoras de aventura.

»Una compañía vibrante necesita las dos cosas. Pero deben hacer algo más que respetarse mutuamente: además es preciso que se entiendan. Yo he trabajado mucho en esto en mi propia empresa. Durante un tiempo tuvimos una situación locamente creativa: para la gente creativa era como si todos los días fuera Navidad.

»Después el péndulo empezó a oscilar, cuando la gente de "ley y orden" puso las cosas bajo control. Y terminamos en una situación de demasiado control: no podías ni respirar.

Así que intenté crear un equilibrio, en lugar de hacer que el péndulo volviera a oscilar demasiado lejos.

»En una colmena hay diferentes tipos de abejas: obreras y exploradoras. Hay varios tipos más, pero para mí esos dos son las más importantes. Las abejas exploradoras son las abejas creativas de la colonia. Vuelan continuamente para encontrar nuevas fuentes de polen. Cuando encuentran una, vuelan de regreso a la colmena e indican a sus compañeras dónde se encuentra el nuevo descubrimiento.

»Entonces van las abejas obreras, de una manera muy bien ordenada y controlada, y traen el polen. Pero las abejas exploradoras no recogen ni una gota de néctar ni un grano de polen; ellas están hechas sólo para volar por ahí y explorar.

»Ése es el equilibro que me gustaría crear en una empresa: que nos respetemos unos a otros y entendamos que, para tener una compañía productiva, necesitamos tanto a los creativos como a la gente de "ley y orden".

Un refugio seguro para las ideas

Vencer la negatividad

Aparte de la estructura de una compañía, las actitudes dominantes en sus operaciones pueden realzar o desbaratar la creatividad. Una de las claves consiste en fomentar sentimientos de confianza y respeto para que los empleados se sientan tan seguros que puedan expresar ideas nuevas sin miedo a la censura. Esto se debe a que en el mercado los pensamientos creativos tienen valor económico. Todo, desde las tarjetas de crédito y los microchips hasta los helados de cucurucho y los aviones jumbo, en algún momento fue la brillante idea de alguien. Una actitud carente de imaginación y receptividad destruye la posibilidad.

Consideremos un ejemplo clásico. En 1878 la Western Union rechazó la posibilidad de comercializar el teléfono. La razón que dio: «¿Qué uso podría darle la compañía a un juguete eléctrico?» Esto no sucedió sólo con el teléfono, sino también con la radio y la computadora personal, de las cuales en un primer momento se pensó que no tenían ningún potencial comercial.

La voz del juicio crítico mata tales inspiraciones. El epítome de esta negativa manera de pensar es la declaración de Charles H. Duell, comisionado de la oficina de patentes de Estados Unidos, que en 1899 declaró en un informe al presidente McKinley: «Todo lo que puede inventarse ya se ha inventado.» Duell sostenía que había que abolir la Oficina de Patentes.

La empresa o el empresario que está abierta a la posibilidad y a los sueños es la que puede aprovechar la oportunidad cuando está madura. Sólo mediante esa actitud abierta se puede ganar la ventaja competitiva que ofrece la innovación.

En el lugar de trabajo hay dos fuerzas que bloquean o alientan la creatividad. Una es la actitud hacia la innovación que la gente lleva dentro de sí misma, y la otra es el clima de la organización. Si las dos se ponen de acuerdo, el cambio se produce sin esfuerzo; si no —y sucede a menudo—, el impulso creativo es obstaculizado.

En el lugar de trabajo, el equivalente de la voz interior de juicio es el jefe o compañero que aplasta las ideas promisorias. Parte del poder de los negadores para destruir un hallazgo creativo viene de la fragilidad de la inspiración. Con gran frecuencia la persona que tiene una idea nueva realmente creativa también alberga dudas sobre su valor: una ambivalencia natural. Si esa persona propone la idea en un medio donde predomina una mentalidad cerrada, la chispa creativa muere en ese mismo instante.

«Digamos que tienes la temeridad de ir al trabajo y proponer una brillante nueva idea —dice Michael Ray, de Stanford—. Pero cuando se lo dices a un compañero al que respetas, te advierte: "Ten cuidado: estás en la cuerda floja. Se acercan los premios de Navidad; podrías perder el empleo con una idea tan loca". En el ambiente de los negocios he visto una y otra vez que, cuando se te ocurre una idea original, la primera reacción a ella es la burla. Es una buena señal: realmente sabes que has dado con algo bueno cuando la gente ataca tu idea. Si insistes un poco más, la gente te dirá que es algo obvio. Y si la desarrollas aún más, de modo que resulte evidente que sirve, te dirán que la idea era de ellos.»

Por eso Ray sugiere que las personas que trabajan juntas convengan en controlar la automática negatividad con que tan frecuentemente se recibe a las ideas nuevas. Otra manera de contrarrestar la voz de la crítica es alentando las preguntas «ingenuas» que llamen la atención sobre determinados supuestos que rigen en el lugar de trabajo pero que nadie ha cuestionado. Tales preguntas, aunque puedan parecer ingenuas, nunca son «tontas», pues desafían a la gente a examinar la mentalidad habitual que hace que el trabajo resulte rutinario y carente de inspiración.

«En el mundo de los negocios, cuando haces preguntas que realmente van al corazón del asunto —dice Ray—, la reacción típica es una mirada vacía o una no-respuesta como "Porque aquí siempre hemos hecho las cosas así." Eso indica que has hecho una muy buena pregunta "tonta", porque a menudo la gente no sabe realmente por qué ha hecho siempre las cosas de esa manera.»

Una vez que se acalla la voz de la crítica, lo que emerge es un espíritu de esperanza y optimismo que ve los reveses simplemente como información útil gracias a la cual el intento siguiente tendrá más probabilidades de alcanzar el éxito.

«¿Quién diablos quiere oír hablar a los actores?»

HARRY M. WARNER, presidente de la compañía
cinematográfica Warner Brothers, en 1927

«El caballo ha llegado para quedarse, pero el automóvil es sólo una novedad... una moda pasajera.»

EL PRESIDENTE DEL MICHIGAN
SAVINCS BANK, cuando aconsejó
al abogado de Henry Ford que no invirtiera
en la Ford Motor Company

«Las máquinas voladoras más pesadas que el aire son imposibles.»

LORD KELVIN, 1895

> «*Después de los primeros seis meses, este aparato no se mantendrá en ningún mercado que logre captar. La gente se cansará pronto de mirar todas las noches una caja de madera.*»
>
> DARYIL F. ZANUCK, director del estudio
> cinematográfico 20th Century,
> comentando sobre la televisión en 1946

Atreverse a ser positivo

Si se quiere perseverar pese a los obstáculos, es preciso dejar de imaginar todas las razones por las que algo puede no funcionar y empezar a pensar en todas las formas que sí pueden hacerla funcionar. Jim Collins, de Stanford, dice: «Mis alumnos de Administración de Empresas son tremendamente hábiles para desalentar ideas de negocios. Les presento un caso típico de un empresario que quiere iniciar una nueva compañía, y dicen: "Esto está mal, esto no sirve; no funcionará por esto y esto." Me dan docenas de razones por las que el empresario fracasará.»

Entonces el empresario visita la clase. «Y dice: "Sí, todas esas razones que dais son ciertas. Pero nosotros miramos mucho más adelante e imaginamos quince maneras de superar esos quince problemas y lograr que todo funcione."»

La mejor respuesta a una mentalidad negativa que desalienta las ideas nuevas es la que dice que una visión osada puede funcionar si cuenta con algunas soluciones creativas. Los aspirantes a innovadores deben ser tan temerarios como para ignorar las voces del miedo y la duda. «No puedes vivir constantemente preocupado por lo que pasará si intentas esto y no funciona —afirma Collins—. Quizá no conozcas todas las maneras en que conseguirás que el negocio funcione o cómo pondrás el producto en el mercado. Pero si te consagras a eso, las probabilidades estarán de tu parte.»

Nolan Bushnell era presidente de Atari, la empresa pionera de videojuegos, mientras estaba de vacaciones se le ocurrió la idea del juego Breakout. En Atari se alentaba a los empleados a ser francos unos con otros; cuando él describió a sus colegas su idea del nuevo videojuego, la reacción fue brutalmente franca... y abrumadoramente negativa.

Pero como él tenía una visión clara de cómo podía ser el juego, de todos modos siguió adelante. «La regla dominante en las empresas de juegos de esa época era la de que los juegos con raquetas estaban pasados de moda —comentó Bushnell—. Pero yo sabía que el juego sería divertido.»

De modo que Bushnell se arriesgó y contrató a un consultor para que desarrollara un prototipo del juego. Una vez que la gente de Atari pudo jugarlo, su escepticismo se trocó en entusiasmo. Breakout salió a la venta y llegó a ser uno de los videojuegos más vendidos de todos los tiempos.

A veces una idea intuitiva puede ser tan potente que lleve a una persona a cambiar radicalmente su vida. Tomemos el caso de Lou Krouse. Iba por su vigésimo quinto año en una compañía telefónica como gerente de nivel medio, cuando se le ocurrió una brillante idea, tan atrayente que dejó la empresa para lanzarse por su cuenta.

El problema que se proponía solucionar era el siguiente: alrededor del veinte por ciento de los hogares estadounidenses no poseen cuenta bancaria. Por lo tanto, la gente de esos hogares, los más pobres, no puede pagar los servicios con cheques. Para abonar una cuenta telefónica, por ejemplo, deben disponer de tiempo para ir a la oficina comercial correspondiente y pagar en metálico, o comprar giro postal, con un dólar y medio de recargo.

La visión de Krouse consistía en un sistema de máquinas electrónicas puestas en tiendas donde la gente que no poseía cuenta bancaria pudiera pagar sus facturas con comodidad, cerca de su casa y sin costos extra. Para las tiendas significaría cientos de posibles clientes que entraban por su puerta; para las compañías de servicios significaría cobrar con mayor prontitud.

Sin embargo, para convertir su sueño en realidad Krouse

debió viajar por todo el país buscando respaldo. Estaba a un mes de la bancarrota personal cuando al fin encontró un banco dispuesto a invertir, permitiéndole fabricar sus máquinas automáticas de cobro a cambio de una porción del negocio.

En tres años la empresa de Krouse, National Payments Network, obtuvo ingresos de veintiséis millones de dólares por año, con tres millones y medio de clientes en diecinueve estados.

Sí y no

«Siempre comparo cualquier idea con un hilo de oro —dice el animador Chuck Jones—. Es realmente algo hermoso, pero también un poco frágil.

»Entras trotando con una idea, y es un SÍ... y "sí" significa: "Colabora, ayúdame; necesito ayuda para obtener fuerzas para sobrevivir."

»Y entonces, cuando nos topamos con un NO, es algo feo, monolítico. Está hecho de hormigón.

»Pero algunas personas han conseguido toda su reputación —han llegado a ser presidentes de compañías cinematográficas— diciendo "¡No!" Es una de las palabras más horribles del idioma. Ese "no" puede destruir una idea, porque tú tienes ese pequeño y frágil "sí" que trata de sobrevivir...

»Cualquiera puede arrojar ese monstruoso NO sobre el "sí" antes siquiera de que tenga una probabilidad de vida.»

Valorar la intuición

La capacidad de tomar decisiones intuitivas es un ingrediente básico de la creatividad. La intuición significa renunciar al control de la mente pensante y confiar en la visión del inconsciente. Como no se puede cuantificar ni justificar en forma racional, a menudo encuentra oposición en el lugar de trabajo. Pero tiene el olor de la verdad, porque se basa en la habilidad del inconsciente de organizar la información en ideas nuevas no anticipadas.

«La intuición es lo que agregas a la información que reúnes —dice Jan Carlzon, de SAS—. Si comprendes eso, ves que nunca puedes reunir la información total. Tienes que agregar tus sentimientos, tu reacción visceral, para tomar la decisión correcta. En ese sentido no existe ninguna respuesta que sea correcta para todos; sólo para ti. Eso es usar la intuición de la manera debida.»

Una de las fuerzas que hace aún más valioso al poderoso sentido intuitivo es que el mundo se dirige hacia un solo escenario global, o así lo plantea Carlzon. «Aunque resulta más obvio en Europa, en todas partes del mundo observas la misma tendencia hacia la eliminación de fronteras —expresa—. Lo ves en los negocios y la economía, en la cultura, en la comida, en todo. Las únicas fronteras que quedarán son las políticas.» Manejar un negocio en ese ámbito global exige maneras innovadoras de comprender y responder a las necesidades de diferentes culturas y pueblos. Con gran frecuencia una sola decisión no se adapta a las diferentes necesidades de, digamos, los suecos, los italianos y los japoneses.

«Ahí es donde debes calcular sobre la base de tus intuiciones acerca de la gente, tu percepción de sus reacciones, sus sentimientos», dice Carlzon. La gente de negocios que sabe escuchar a sus clientes en lugar de limitarse a estudiar cifras y estadísticas disfrutará de un espléndido futuro en una economía global competitiva, cree Carlzon.

«Lamentablemente, las escuelas no nos enseñan a confiar en nuestra intuición. En cambio, enseñan una suerte de conocimiento absoluto. Enseñamos a los alumnos a buscar una respuesta correcta, que encontrarán reuniendo información completa. Pero en la vida real descubres que, incluso después de reunir toda la información relevante, sigue habiendo un hueco, una parte que no se puede calcular con precisión. Y es ahí donde debes poner en juego tu intuición para tomar la decisión final y seguir adelante.

»En las escuelas también cometemos un error cuando medimos el desempeño en términos absolutos. Enseñamos en función de respuestas específicas, en centímetros, en kilos, en cantidades específicas correctas o incorrectas. Y calificamos en consecuencia. Pero nunca decimos a los alumnos qué hay más allá de la categoría de los valores absolutos, ni acerca de las incertidumbres con las que te encuentras constantemente en la vida real.

»Así que yo pienso que deberíamos enseñar ambas aproximaciones al conocimiento: el de las mediciones numéricas y el conocimiento que da la intuición.»

Opina Anita Roddick: «Ninguna investigación de mercado del mundo te dirá por qué la gente no quiere comprar este producto o por qué prefieren tu empresa. Pero si está en funcionamiento tu intuición, puedes mirar un enorme informe de investigación de mercado de la industria de los cosméticos y simplemente saber: "Esto está mal."»

Roddick cuenta que recibió un informe sobre las tendencias del mercado que decía que disminuiría la tasa de aumento de las ventas de productos para bebés. «Pero nuestra intuición nos indicaba lo contrario —recuerda—. Eran tantas las mujeres de nuestro personal y tantas las mujeres que conocíamos que tenían o esperaban hijos, que sencillamente tuvimos la corazonada de que el mercado de productos para bebés sería mucho más grande que lo que decían las predicciones. Descubrimos que las cifras reales eran unas cuatro veces mayores que las adelantadas por la investigación. Eso es la intuición en funcionamiento.»

Aceitar el espíritu creativo

Una forma de alentar a la gente para que corra riesgos creativos consiste en recompensarla por ello. Ése es el enfoque adoptado por Tom Melohn, ex director de North American Tool and Die.

$\longrightarrow$

Todos los meses Melohn daba premios en efectivo por las innovaciones y los esfuerzos extra. Uno de los ganadores de esos premios fue Jim Norsworthy, trabajador de mantenimiento. La innovación de Norsworthy tenía que ver con los problemas que causaban las grandes y onerosas cantidades de aceite que usaba la compañía: aceite que podía convertirse en un desperdicio tóxico. Norsworthy oyó hablar de un aparato para reciclar aceite, con un ingenioso sistema de filtro que permitía volver a usarlo en lugar de tirarlo. Se empeñó en conseguir uno; el costo de la máquina se recuperó en una semana.

Después de compensar tales esfuerzos individuales para innovar, Melohn convirtió lo que había sido una indolente planta de estampado de metal en una empresa modelo con un aumento de ventas de más del veinticinco por ciento anual, y una utilidad sobre la inversión equivalente al de las cincuenta primeras firmas de las quinientas de *Fortune*.

El riesgo está en los ojos del que mira

El riesgo, como la belleza, está en los ojos del que mira. Un proyecto comercial que quizá parezca arriesgado o peligroso desde afuera puede parecer por entero diferente para la persona que está en él. La variable oculta es la dedicación.

Como dice Anita Roddick, de Body Shop: «No creo ser una persona arriesgada. No creo que ningún empresario lo sea. Creo que es uno de esos mitos del comercio. El nuevo empresario se guía más por los valores: haces cosas que a otra gente le parecen arriesgadas, porque eso es lo que te indican tus convicciones. Otras empresas dirían que yo me arriesgo, pero ése es mi camino: para mí no es aventurado.»

Dedicarse de lleno a iniciar un negocio puede ayudar a vencer muchas dificultades. En este aspecto resulta muy instructivo el caso del casco Giro. Jim Gentis era un corredor de bicicletas que inventó un diseño por entero nuevo del casco para ciclistas. Su pasión eran las carreras de bicicletas, pero detestaba los cascos pesados y voluminosos que debían usar los corredores. Los modelos duros pesaban demasiado (casi medio kilo), tenían la aerodinámica de un casco del ejército y hacían sudar mucho durante la carrera.

Gentis no tenía dinero para iniciar un negocio, pero sabía que quería un nuevo tipo de casco y estaba resuelto a construirlo él mismo. De modo que, con mucha experimentación, dio con un nuevo diseño: un casco mucho más suave, más aerodinámico, pero con toda la fuerza estructural de los viejos cascos semejantes a los militares. Utilizó el mismo material básico: poliestireno.

No obstante, cuando llegó el momento de recubrir el poliestireno con una capa protectora resistente y de buen aspecto, quedó atascado. El material que quería emplear era un plástico ultraligero, pero el costo de la máquina para fabricarlo era de ochenta mil dólares... dinero que él no tenía. Tras mucha experimentación, y a esa altura desesperado, a Gentis se le ocurrió al fin una cubierta de lycra que podía producirse en una amplia variedad de colores y dibujos.

Gentis no disponía de capital para crear una empresa. Desde todos los puntos de vista, no tenía una sola probabilidad. Pero se inició con unas pocas ventas a amigos, y poco a poco el casco empezó a ganar terreno. El casco Giro ofrecía a los aficionados al ciclismo la seguridad que necesitaban, al tiempo que les permitía tener en cuenta la apariencia y elegir un casco que combinara con su equipo. Éxito instantáneo, el Giro ha dominado el mercado de los cascos para ciclistas desde que fue introducido. El empeño y la dedicación de Gentis cambiaron las probabilidades.

Un salto de fe

Para Larry Wilson, del Pecos River Learning Center, el problema es el siguiente: «Si siempre haces lo que has hecho siempre, siempre obtendrás lo que has obtenido.» Eso produce cero crecimiento, es decir, estancamiento.

El antídoto consiste en darse cuenta de que: «Si siempre piensas de la manera en que has pensado siempre, harás lo que has hecho siempre.» Por esa razón, afirma Wilson, «nosotros ayudamos a las personas a pensar en los riesgos de una manera diferente, para que no sean tan temerosas. No siempre puedes librarte de toda la ansiedad que rodea al riesgo, pero puedes reducirla mucho».

Tal vez los mejores datos acerca de reducir la ansiedad de la actitud de arriesgarse provenga de una investigación sobre paracaidistas. Seymour Epstein, psicólogo de la Universidad de Massachusetts, midió los niveles de ansiedad en paracaidistas novatos y expertos al prepararse para un salto.

Los paracaidistas expertos mantenían la calma mientras preparaban sus paracaídas, subían al avión y éste despegaba y subía hasta la altura desde la cual saltarían. Sentían poca ansiedad hasta los minutos previos al salto, cuando se disponían a saltar del avión.

Los novatos, sin embargo, vivían una ansiedad creciente a cada paso del proceso: mientras preparaban el paracaídas, subían al avión y se elevaban en el cielo. Para ellos, la mera anticipación de lo que estaban por hacer llevaba a un *crescendo* de nerviosismo. Aunque todavía les faltaba el salto, en su mente ya habían saltado una y otra vez... hacia el desastre.

Cualquiera sea el ámbito, la ansiedad que se crea al anticipar el riesgo que se va a correr se origina en fantasías exageradas de fracaso y catástrofe. El miedo a correr riesgos en el lugar de trabajo funciona de modo muy semejante: «Si presento esta nueva idea —se dice alguien— y cae mal, quedaré como un tonto en la reunión.» El jefe te considerará un incompetente y no te tendrá en cuenta para la promoción o el aumento que tú quieres. Peor aún, tu mente te dice: «En la siguiente ola de recortes y reducción de personal, mi puesto será el primero en caer.» Y como lo despedirán, nunca volverá a conseguir otro empleo. Y no podrá pagar las cuotas del coche, la casa ni nada. Antes de que se dé cuenta, se imagina viviendo como un mendigo en la calle.

De modo que tú cierras la boca y no dices nada. Mejor prevenir que curar, te dices, y te acurrucas y te escondes en esa zona de comodidad.

Aquí reside el poder del curso de cuerdas. Mientras estás allí arriba, esperando tu turno, la mente puede fácilmente encender su generador de catástrofes. Te imaginas paralítico de por vida, viviendo tus últimos días en una cama de hospital... y entonces de algún modo encuentras el valor para liberarte pese a todo, y saltar.

Para realizar tales zambullidas necesitas un cierto grado de fe. Y esa zambullida es una elocuente metáfora de los saltos que exige la organización creativa.

ALGO MÁS QUE UN SIMPLE EMPLEO

Nubes en el suelo

Un enfoque diferente en cuanto a estimular la vida creativa en el lugar de trabajo consiste en hacerlo a partir del ambiente físico en que se desempeñan los empleados. Una oficina deslucida e institucionalizada sugiere una manera deslucida e institucionalizada de ver las cosas. Según el mismo criterio, un entorno rico y variado fomenta el pensamiento creativo.

En la sede de SAS, por ejemplo, hay actividades destinadas a elevar el ánimo de la gente: por ejemplo, toca algún cuarteto de cuerdas a la hora de comer. Explica Carlzon, presidente de la empresa: «Queremos que la gente se sienta valorada y respetada, porque sabemos que cuando la gente se siente así realiza un mejor trabajo para la compañía.»

Para Anita Roddick, la estética misma de una oficina puede resultar estimulante para la imaginación. «Antes, yo era maestra; sé que la única manera de alentar la creatividad es haciendo que el ambiente sea estimulante, incluso entretenido. De modo que caminar por nuestra oficina es una experiencia visual y sensorial diferente de cualquier otra oficina de una compañía normal.

«Allí donde mires, en las paredes hay pósters y gráficos y fotos que celebran el espíritu humano: no gráficos de ganancias y productividad y cuánto dinero ganamos. Recurrimos a grandes pensamientos, grandes imágenes, que muestran lo que queremos decir: cualquier cosa, desde las palabras del gran jefe indígena Seattle hasta la maravillosa muestra de fotos La Familia del Hombre. Los ponemos en todas partes, de modo que eso es lo que ves como interrupción del trabajo. La estética de una empresa es una manera de abrir el espíritu.

»En nuestras oficinas todos pasamos por un corredor muy largo y estrecho que va a uno de los grandes depósitos. Hemos intentado hacerlo estimulante, con fotos maravillosas de grupos de nativos de los países de todo el mundo que son nuestros socios comerciales. He observado a la gente cuando camina por ese corredor y noté que tocan las paredes al andar.

»De modo que se nos ocurrió la idea de agregar texturas y sonidos a la parte visual: cañas de bambú hendidas, tubos, ventosas de goma, cualquier cosa que haga ruido. De manera que, cuando camines por ese corredor, puedas realmente producir sonidos: apretar algo que silbe o zumbe. Es una idea muy tonta, que sería maravillosa para chicos de seis años. Pero yo quiero experimentar con eso para ver cómo se puede volver más excitante el hecho de ir a trabajar.

»Lo mismo se aplica a nuestros locales. No quiero entrar en mis locales y aburrirme. Si me aburro, que Dios me ayude: también se aburrirán mis clientes. De modo que continuamente tratas de buscar algo que los sorprenda: un exhibidor diferente o el murmullo de agua que corre o uniformes completamente diferentes para el personal.

»Tratamos de que la gente se enamore del cambio. De manera que en el clima de la compañía todo está siempre en constante cambio. Mañana todos los tableros de novedades serán distintos a los de hoy.»

La idea de mantener vivos los sentidos y las corazonadas se halla de veras incorporada en la arquitectura de Enator, una firma consultora de Suecia cuyos productos son ideas y soluciones para los problemas de sus clientes. Enator está diseñado arquitectónicamente para ayudar a los empleados a mantenerse mentalmente frescos. «Me parece estimulante venir a trabajar a un edificio de oficinas en el que se realiza un continuo viaje de descubrimiento», dice Hans Larson, presidente de Enator.

Para que la mente esté siempre lista a abordar y solucionar problemas, el diseño mismo del edificio de la empresa es fascinante. La gente se enfrenta a «problemas» físicos y de percepción en cada recodo... literalmente. Las habitaciones de Enator no son rectangulares; el trazado general está compuesto por extraños ángulos y formas. No hay espacio que la mente encuentre con perezoso reconocimiento; dondequiera que se posen los ojos, se topan con lo inesperado:

- En el suelo, una representación surrealista de un cielo lleno de nubes.
- En las paredes, pinturas *trompe l'oeil* que sugieren barras tridimensionales donde sólo hay una superficie plana.
- Ojos de buey y paneles de cristal en lugares que ofrecen vistas sorprendentes de la actividad que se desarrolla en otras habitaciones o plantas.
- Corredores en zigzag, sin líneas rectas, que recorren una maraña de formas geométricas: círculos, cubos, trapezoides.
- Habitaciones que violan las convenciones, como una sala de reuniones donde se conversa y se come alrededor de una mesa hecha con un piano de cola.

Aún hay más; no existen las señales visuales habituales: ni chapas en las puertas, ni carteles que anuncien dónde está cada uno. Eso obliga a la gente a hacer preguntas, a hablar entre sí. Los empleados viven constantemente reuniéndose, hablando, relacionándose. Y de esas reuniones nacen conexiones impredecibles.

Otra ventaja es que el edificio en sí fomenta el tipo de interacciones espontáneas que son de crítica importancia para el trabajo en equipo. Dice uno de los empleados de Enator. «Es muy fácil encerrarse en una manera de mirar algo, así que dedicamos mucho tiempo a transmitirnos ideas unos a otros. Si éste fuera un edificio tradicional, eso no sucedería con tanta facilidad, porque es mucho más difícil ir de un lado a otro de un corredor hasta otro cubículo y sentarse. Aquí es fácil: todos los espacios te acercan a alguien.»

La camaradería resulta fortalecida por el clima de la compañía. Hans Larson dice: «Creemos en la noción de construir un segundo hogar para nuestra gente.» Y, lo mismo que un hogar, los empleados se siente libres de ser ellos mismos. Así lo expresa otro consultor de Enator: «El edificio refleja la actitud de que está bien dar la impresión de no estar haciendo nada. La gente confía en que estás pensando algo. Aquí no tienes por qué sentirte culpable por tomarte un descanso para tomar un café.»

Un espíritu de amor y preocupación

La capacidad de preocuparse por los compañeros de trabajo —y encontrar soluciones creativas a problemas humanos— se ejemplifica con el caso de Randy Theis, un empleado de Des Moines Water Works. Theis contrajo cáncer, y una serie de operaciones lo obligó a utilizar todos sus días de permiso por enfermedad, lo cual lo sometió a una enorme presión; su esposa y sus cinco hijos no escaparon a la situación.

Comos los costos de seguro de salud eran muy elevados en la compañía, no había posibilidad de prolongar el permiso por enfermedad de Theis. Entonces un grupo de compañeros tuvo la idea de donar a Theis sus propios días de permiso por enfermedad. La empresa cambió sus reglamentos para permitirlo, y veinticinco empleados se apuntaron.

James Autry, en su libro *Love and Profit*, comenta al respecto de este incidente: «Nosotros, los dirigentes empresariales, tenemos la posibilidad de conducir y dirigir a gente en el cada vez más potente vínculo de la empresa corriente, y al mismo tiempo crear un lugar de amistad, profundas conexiones personales y camaradería.»

Más como una familia

Cuando se trata de formar un equipo armonioso, los gerentes terminan por aprender que uno de los ingredientes es algo que rara vez se relaciona con el lugar de trabajo: el amor.

«"Amor" no es una palabra que la gente pronuncie con facilidad —dice Larry Wilson—. Sin embargo, es cada vez más obvio que las personas quieren saber que alguien se preocupa por ellas, que no son consideradas sólo como una pieza intercambiable. El verdadero liderazgo tiene que ver con demostrar que su intención es cuidar de la gente y apoyar su crecimiento.

»El liderazgo tiene que ver con tres cosas. Una es crear una visión creíble y comunicarla a los demás. La segunda es guiar a la gente hacia esa visión. Y la tercera es el crecimiento y el desarrollo de las personas lideradas, más allá de las consecuencias que ese crecimiento pueda tener para el mismo líder.

»Este tercer objetivo es una forma de amor, de preocupación. Cualquiera que sea la palabra empleada, saber que cuenta con esa clase de apoyo hace que la gente esté más dispuesta a arriesgarse. Todos hemos vivido ese tipo de experiencia, ya fuera con un padre o maestro o mentor en el trabajo. La tarea de un líder es la de despertarnos y llevarnos más lejos de lo que creemos poder ir.

»Cada vez con mayor frecuencia, a medida que nos damos cuenta de que la gente constituye nuestra ventaja competitiva más importante, vemos que tenemos que ayudarla a crecer. No lo haces en gran escala; lo haces en pequeños equipos. Puedes tener uno o dos mil equipos, pero cada uno debe tener entre seis y diez personas. Ese equipo se convierte en el centro del afecto y la preocupación. Y, si consigues que un equipo de gente se integre y se preocupen unos por otros, has retornado a la escala de la familia. Son menos vulnerables al miedo y la ansiedad y más libres para dejar surgir su creatividad.»

El nuevo ambiente de la información, tal como lo imagina Jan Carlzon, de SAS, exige un nuevo estilo de dirección empresarial. «El líder de empresa del futuro se parece más a una madre o un padre en una familia o un entrenador en un equipo deportivo. Tienes que crear un clima en el que la gente se sienta respetada, sienta que tienes fe en ellos, incluso que los quieres. Tienes que dirigir mediante el amor.

»Y al hacerlo así ayudarás a que la gente desarrolle su pleno potencial, se atreva a correr riesgos y emplear su intuición para tomar decisiones. Y pueden hacerlo porque saben que, aunque a veces fallen, serán aceptados y se les dará una nueva oportunidad.

»Mientras que si manejas a la gente mediante el miedo, verás que la gente se achica y se desempeña muy por debajo de su capacidad. Y eso no creará ninguna rentabilidad ni competitividad para tu empresa.»

Cuando se halla absorbida por sus problemas, la gente se distrae y no se concentra en su trabajo. Ese tipo de ansiedad es un asesino de la creatividad. El antídoto es un lugar de trabajo donde la gente pueda relajarse. Crear un clima relajado en su empresa es algo que Yvon Chouinard, director de Patagonia, logra con naturalidad.

«Me prometí ser un empresario que no tuviera que trabajar de las nueve a las cinco. Si había buenas olas, podría irme a hacer surf en cualquier momento.

»En la compañía debes contar con un clima en que la gente se sienta cómoda —continúa—. De esa manera están dispuestos a abrirse y proponer ideas locas sin que nadie se ría. O se ríen todos, pero sientes que no te molesta y te encoges de hombros.

»No puedes separar la creatividad del riesgo. Creo que las mejores ideas son tan delirantes, tan adelantadas a su tiempo, que todos se reirán de ellas. De modo que la gente tiene que sentir bastante confianza como para plantearlas de todos modos, y no ofenderse si a nadie le gustan.»

Una de las maneras en que se hace sentir cómodos a los hombres y mujeres de Patagonia es creando una guardería infantil en el establecimiento. «Una madre puede dejar a su hijo a las ocho menos cuarto, ir a trabajar y después ir a comer con el niño —explica Chouinard—. O puede ir a la guardería en cualquier momento del día. Hasta tenemos algunas madres que dejan que sus hijos jueguen junto a su escritorio un rato.»

¿Eso no significa una distracción? Todo lo contrario, responde Chouinard: «Libera a los padres, ya que no tienen que preocuparse todo el día por los hijos; entonces pueden concentrarse en el trabajo. Liberarse de los agobios de la vida deja libre a la gente la creatividad. Por mucho que gastemos para financiar la guardería, se paga sola mil veces a través de una mayor productividad.»

El objetivo es simple: «Cuanto más se parezca el lugar de trabajo a estar en tu propia casa, cuanto más sienta la gente que está en un grupo con el que le gusta estar, más gente puede concentrarse en la dirección particular en que la compañía quiere que vaya —cree Chouinard—. Se convierte en un movimiento más que en una empresa; eso la hace mucho más productiva.»

La amabilidad no basta

Doug Greene, director de New Hope Communications, empezó diciendo a la gente de su empresa que las tres reglas de su negocio eran: «Sé amable, sé amable, sé amable.» Pero luego notó que la gente empezaba a mostrarse un poco falsa con tal de ser amable. De modo que cambió a: «Sé amable, sé honesto, sé amable», y por fin a: «Sé amable, sé honesto, diviértete.»

Un balance final diferente

Imagina un ambiente en el que el proceso del trabajo importa tanto como su producto. En una compañía así no te concentras sólo en los resultados; cómo llegas allí es tan importante como el lugar adonde vas. Ese cambio de perspectiva transforma el significado mismo del trabajo; con esa orientación la gente crece como parte de su trabajo.

Existe una distancia creciente entre lo que muchas empresas ven como su objetivo y lo que cada vez más gente pretende de su trabajo. Cuanto mayor es esa distancia, tanto menos involucrada se siente la gente con su trabajo. Y cuando sucede esto, su energía creativa cae en picado.

Esto da un lamentable resultado; numerosas empresas se basan en una combinación de incentivos económicos (la zanahoria) y miedo (el látigo) para acicatear a sus empleados. Pero esa combinación particular de motivaciones tiene un efecto sofocante sobre la creatividad. La creatividad personal fluye cuando el trabajo se realiza en gran medida por el placer que se extrae de él, no a causa de la presión externa.

Muchos trabajadores ya no buscan un empleo que sea simplemente una fuente de riqueza, posición social y poder, sino uno que —además de asegurar un ingreso decente— les ofrezca un significado y una plataforma para la creatividad individual. La producción como fin en sí misma no satisface ninguno de esos deseos. Si una empresa no logra reconocer esto, quizá le resulte difícil conseguir o conservar a la mejor gente.

Una manera de reducir esa distancia y, al mismo tiempo, de beneficiar tanto a las empresas como a la gente que trabaja en ellas, consiste en invertir en desarrollar los recursos interiores de los trabajadores. Esta solución ha sido adoptada por algunas empresas precursoras que redefinen su objetivo más allá de la mera obtención de un lucro y convierten el lugar de trabajo en un ámbito propicio para el crecimiento personal de sus empleados. Esto no significa, desde luego, que una empresa no deba ser lucrativa, sino que debe ampliar su enfoque y sacarlo de la fijación exclusiva en la cuenta de ganancias, a expensas de la calidad del trabajo en sí.

Anita Roddick lo expresa de esta manera: «No quiero que nuestro éxito se mida sólo por los logros económicos, o por la distribución o por la cantidad de locales. Quiero que se me reconozca —aunque será difícil en el ambiente empresarial— por lo buenos que somos para con nuestros empleados y cómo beneficiamos a nuestra comunidad. Es un balance diferente.»

Uno de los modelos de empresa más promisorios, según sugiere Roddick, es bastante antiguo. «Mira lo que hicieron los cuáqueros: no crearon una enorme distancia entre jefes y trabajadores. Cuidaban a sus empleados: les daban casas, hasta construían pueblos. Eran gente honorable; no sacaban del negocio más de lo que ponían. Ganaban dinero, por supuesto. Pero no mentían, y valoraban el trabajo. Ésa es una actitud a la que deberíamos volver. Hemos llegado a ver la educación para la fuerza laboral como un gasto más que como una inversión.

»Y, más allá de las necesidades de la fuerza laboral, la empresa tiene que considerar su relación con la comunidad. No basta con ser sólo un vecino rico que da empleo. Para ser una empresa verdaderamente exitosa en la comunidad, debe cuidar a sus vecinos. Eso significa que debes hacer algo más que brindar un lugar en el que se trabaja de lunes a viernes. Debes lograr un ambiente que realce la vida de la gente: sus comunicaciones, sus matrimonios, su vida familiar.»

Roddick cree que este enfoque se convertirá en parte de la corriente dominante. La razón: «En los lugares de trabajo la gente dice: "Quiero trabajar para una empresa que me valore a mí, no sólo el balance de pérdidas y ganancias. Quiero trabajar para una empresa que destaque el espíritu humano, que cree amistades, que me dé la sensación de estar viva." Porque eso es lo que queremos todos: estar vivos en el lugar de trabajo.»

Luchando con la VDJ

Hay ocasiones en que estamos hechos un nudo de ansiedad y dudas acerca de nosotros mismos. En ese momento nuestra mente está tan atascada con cháchara negativa que no podemos proceder con lo que es-

$\longrightarrow$

tamos haciendo. Cuando las cosas se ponen feas de veras, intenta la siguiente técnica de concentración, que requiere sólo uno o dos minutos.

Siéntate cómodamente, con la espalda recta; cierra los ojos y respira con tranquilidad. Ahora comienza a sentir la piel de todo tu cuerpo. Repara en cómo cubre cada parte de tu cuerpo, cada volumen, cada músculo.

Ahora imagina que no hay nada dentro de tu piel. Que tu piel es sólo una fina membrana que envuelve un espacio vacío. Tómate unos momentos para experimentar la sensación de espacio y vacío en tu interior. Sigue experimentando eso durante uno o dos minutos más.

Con el uso repetido, esta técnica del «cuerpo vacío» se convierte en una manera práctica de librarte de las garras de la VDJ.

Si este ejercicio es un poco demasiado pasivo para tu gusto, o si no puedes quedarte quieto sentado, intenta un ejercicio más vigoroso. Las investigaciones indican que el ejercicio aeróbico, que acelera los latidos del corazón y la respiración y aumenta el nivel de oxígeno en la sangre, es útil para combatir la depresión asociada con sentimientos de baja autoestima. Para muchas personas, correr, andar en bicicleta y nadar no sólo alivian la depresión sino también ayudan a purificar la mente de juicios irritantes.

Otra manera de ocuparse de la VDJ consiste en ponerla en perspectiva. Puedes hacerlo burlándote de ella. Tal vez el siguiente ejercicio te ayude.

Cierra los ojos e imagina que puedes oír y ver una declaración negativa que haces con regularidad acerca de ti mismo; por ejemplo: «Nunca se me ocurre una idea original.»

Cuando tengas este pensamiento en la mente, comienza a intensificarlo y ampliarlo. Haz que su volumen sea cada vez más estridente. Hazlo parpadear con brillantes luces de neón.

Continúa haciendo la declaración cada vez más grande, más fuerte y más elaborada, utilizando rayos láser, estallido de petardos, orquestas sinfónicas completas, coros de abucheos de desaprobación. Deja que la ridiculez de esta escena surta su efecto.

Abre los ojos.

Hay personas que, al practicar este ejercicio, toman instantánea conciencia de la insignificancia de su VDJ cuando no cuenta con su apoyo. Sólo nosotros proveemos la energía, la luz y el poder donde prospera la VDJ.

Una nota al margen acerca de los juicios de los demás: En 1945, Bannevar Bush, un consejero del presidente de Estados Unidos, advirtió: «La bomba atómica no estallará nunca; se lo digo como experto en explosivos.»

4

CREAR COMUNIDAD

Era el mejor de los tiempos, era el peor de los tiempos. Era la edad de la sabiduría, era la edad de la imbecilidad. Era la época de las creencias, era la época de la incredulidad. Era la temporada de la luz. Era la temporada de la oscuridad.

Era la primavera de la esperanza. Era el invierno de la desesperación. Lo teníamos todo ante nosotros. No teníamos nada ante nosotros. Íbamos todos directamente al Cielo. Íbamos todos directamente al otro lado.

CHARLES DICKENS
Historia de dos ciudades

Dickens escribió sobre la época de la Revolución francesa, pero sus palabras nos hablan también de ahora. También nosotros oscilamos entre la esperanza y la desesperación, entre la luz y la oscuridad. El rápido aumento global de una diversidad étnica y religiosa nos obliga a pensar en forma más creativa en un futuro orden político. La crisis ecológica exige que cada uno de nosotros examine cómo afectan los cómodos hábitos cotidianos la salud y la supervivencia de todos los seres del planeta. La desnutrición, las enfermedades, las adicciones y la falta de techo se hallan tan difundidos que ninguno de nosotros es inmune a sus efectos o está exento de reflexionar en sus causas.

Sin embargo, también es la primavera de la esperanza, porque poseemos la creatividad para solucionar todos esos problemas, por difíciles que puedan parecer. El mundo es muy semejante al tapiz mencionado en el Capítulo 1. Debemos dar vuelta a ese tapiz para poder encontrar los hilos que conectan un problema con otro. Eso nos piden estos tiempos revolucionarios: descubrir las verdaderas relaciones entre las cosas para poder solucionar nuestros problemas. Este capítulo trata de la gente que alivia el sufrimiento de otros seres humanos. Con ese fin están transformando viejas instituciones y creando otras nuevas para tratar imaginativamente los problemas complejos e interconectados.

Martin Luther King dijo: «Todo hombre debe decidir si caminará a la luz del altruismo creativo o en la oscuridad del egoísmo destructivo. Éste es el juicio. La pregunta más urgente, e ineludible, de la vida es: ¿Qué estás haciendo por los demás?»

El altruismo nace de nuestro instinto de ayudar a los otros, la disposición opuesta a: «Yo hago mi trabajo y al diablo con todos los demás.» Por nobles que sean los sentimientos altruistas, pueden seguir siendo sólo buenas intenciones a menos que sean traducidos a acción práctica. El altruismo necesita vincularse con nuestra habilidad creativa para solucionar problemas.

El Instituto de Ciencias Noéticas de Sausalito, California, premia cada año a personas que encarnan el servicio desinteresado y cuyo trabajo ofrece una solución innovadora a algún apremiante problema humano. Entre los receptores de estos premios se cuentan:

- Celeste Tate, que fundó Gleaners, un banco de comida que recoge los alimentos que las tiendas no han vendido y los distribuye en supermercados especiales donde la gente puede pagar dos dólares o trabajar a cambio de una bolsa de comida. En la actualidad Gleaners alimenta a veinte mil personas por mes.
- Janet Marchese, madre adoptiva de un bebé con síndrome de Down, que empezó reuniendo a los padres de niños afectados por el síndrome con parejas que querían adoptarlos. Su Down's Syndrome Adoption Network ha situado a más de mil quinientos niños y tiene una lista de espera de parejas que quieren adoptar.
- Falaka y David Fatah, una pareja que impidió el descenso de su hijo al submundo de las pandillas callejeras mediante la idea de invitar a la pandilla a vivir en su propio hogar. Hoy la Casa de Umoja, en Filadelfia, cuenta con veinticuatro casas municipales refaccionadas y ha dado hogar y guía a más de dos mil jóvenes condenados en tribunales juveniles.

Winston Franklin, vicepresidente ejecutivo del Instituto de Ciencias Noéticas, explica que «son personas comunes que vieron problemas en su barrio o ciudad y decidieron hacer algo por solucionarlos. En cada caso, su único talento era su bondad, que parece surgir de un lugar similarmente hondo en cada uno de ellos».

«*Si no me ocupo de mí, ¿quién se ocupará? Si no me ocupo de los otros, ¿qué soy? Y si no es ahora, ¿cuándo?*»

RABINO HILLEL, siglo XII

«*Hay tres cosas: Fe, Esperanza y Amor. Pero la mayor es el Amor.*»

CORINTIOS 13,13

Una interdependencia natural

George Land, científico de sistemas, también cree que la habilidad para generar soluciones radicalmente innovadoras a los problemas viene de un lugar hondo: la naturaleza. Land cree que toda la civilización humana avanza hacia una nueva fase de organización social. Al cabo de años dedicados a observar con atención las semejanzas entre cambio natural e invención cultural, su visión es que la clave de nuestro futuro ya está visible en la naturaleza.

Según la teoría de Land, ya sea que la creatividad tenga lugar a lo largo de millones de años, en las plantas y los animales o que ocurra en pocos minutos cuando un ser humano resuelve un problema, sigue el mismo esquema maestro. El paralelismo de naturaleza y cultura se encuentra en tres claras fases de organización a través de las cuales pasa todo sistema viviente. En la primera fase, tras explorar toda suerte de opciones, el sistema esencialmente se autoinventa. En la segunda, el sistema establece un esquema formal basado en lo que funciona mejor en ese momento. En la tercera fase, el sistema viviente tiene que romper los límites del esquema establecido, con el objeto de producir algo nuevo y continuar creciendo.

Estas fases pueden observarse en la evolución individual humana. La primera se desarrolla en los primeros años de la vida, hasta alrededor de los cinco años. El niño explora continuamente, casi sin inhibición. Cuando trata de aprender a andar se cae cincuenta veces, se levanta y se sacude el polvo. Intenta cualquier combinación de palabras para aprender un nuevo lenguaje. Y cuando alcanza los cinco años, tiene un sentido de identidad.

Cuando los niños van a la escuela, la sociedad los programa con gran cuidado para hacerlos avanzar hacia la segunda fase. A esa altura les preocupa menos ser inventivos; más bien, el esfuerzo se da para construir un esquema estable, consonante con las costumbres y hábitos de la sociedad.

Si logra tener éxito, el esquema establecido en la segunda fase puede durar hasta bien avanzada la adultez. Pero entonces lo habremos agotado. Alcanzamos un punto en el que nada parece adecuado. Tal vez lo denominemos «crisis de la mitad de la vida». Sea cual sea la etiqueta que le pongamos, en lo más íntimo de nuestro ser sabemos que para sobrevivir necesitamos experimentar, avanzar en una dirección nueva. Land observa: «Entonces la invitación consiste en salir del esquema básico, sumirnos en nuestro interior y redescubrir a ese niño de cinco años. Tenemos la oportunidad de esculpir conscientemente nuestra vida de maneras que nos permitan abrirnos a la amplia gama de creatividad que está disponible para todos nosotros.»

La balada del cañón de Oak Creek

George Land ha descubierto un lugar donde cree que son visibles los rastros de las tres fases del cambio creativo. Estima que el cañón de Oak Creek, cerca de Sedona, Arizona, es una suerte de libro de texto viviente cuyas páginas revelan los poderosos impulsos de crear que residen en toda la naturaleza y en cada uno de nosotros.

«Sucedió que aquí, en Sedona, hace unos cinco millones de años —explica—, la corteza terrestre se abrió, y este cañón descendió doscientos metros, exponiendo capas y capas de roca. Y abrió un camino para que las fuentes profundas que hay en estas montañas afloraran en el cañón. En esas capas de la pared del cañón podemos ver la representación del proceso creativo a lo largo de enormes períodos.

»Primero, lo que había sido roca inamovible comenzó a desintegrarse, cada vez más fina, hasta volverse suelo, y unas cuantas plantas pudieron aferrarse a esa tierra y crecer. Después, a la manera característica de la segunda fase, surgieron en el cañón todo tipo de hierbas y arbustos.

Al igual que la fase fundadora de una organización o una comunidad nueva, éste es un período de apertura a muchas alternativas. Pero a medida que algunas de esas alternativas resultan más fructíferas que otras, el espectro se reduce.

En el caso del cañón, mezquite, manzaneta y enebro —apenas algunas de las muchas variedades que surgieron en el cañón— ocuparon su lugar y crearon su propio esquema. En esencia colonizaron el cañón, reproduciéndose e imponiéndose a todo lo demás.

«Al cabo de un largo período —explica Land— los árboles empezaron a estorbarse. Comenzaron, literalmente, a matarse unos a otros. Tuvieron tanto éxito que agotaron los nutrientes del suelo, se ahogaron unos a otros y luego empezaron a morir. Pero habían preparado el camino. Su mismo fracaso fue un éxito. Habían creado un nuevo tipo de ambiente, un nuevo tipo de suelo, enriqueciéndolo con su crecimiento y su muerte. Al morir, sus hojas formaron un nuevo mantillo.»

En la tercera fase del cañón, el viejo esquema despertó a una nueva vida. Llegaron todo tipo de especies nuevas y crearon en el lugar una ecología interdependiente, en la cual se hacían espacio unas a otras y permitían nuevas variedades de vida. Para Land, los paralelos con la evolución de la organización humana son clarísimos. Estamos embarcándonos en la tercera fase de la vida de comunidad; ahora debemos descubrir una manera de integrar los diversos pueblos y culturas del mundo en un nuevo todo.

Observación precisa

La observación precisa es otra herramienta que puede ayudarte a usar tu creatividad. La observación precisa es el momento en que prestas atención a cosas en que no habías reparado antes o que habías dado por sentadas. Esto es esencial para solucionar un problema difícil y complejo. Estás observando con precisión cuando ves las cosas con un deleite que parece iluminar lo que ves, dando a cada detalle y aspecto una asombrosa claridad y presencia. Lo común se vuelve extraño y excitante, igual que como cuando recorres un lugar desconocido. En su nivel más alto, la observación precisa es similar al «momento blanco» descrito en la p. 62. Es una conciencia de tal claridad que el yo inhibido normalmente presente en la percepción se evapora. Como ocurre con el calígrafo Zen, sólo existe «el hacer».

Rescatar un bosque tropical

Como para apoyar la teoría de Land, gente de todo el mundo inventa en forma espontánea nuevas formas de colaboración, basadas en una interdependencia percibida. Los esfuerzos visionarios de un grupo de escolares suecos constituyen un ejemplo de ello.

Comenzó hace unos años con los niños de la clase de Ena Kern, en una pequeña escuela del interior de Suecia. Los niños habían aprendido que con la destrucción de los bosques tropicales en el hemisferio sur estaban muriendo muchos animales pequeños. Como la mayoría de los niños tenían animalitos en casa, un perro o un conejo, les resultaba fácil comprender el problema. «Los niños también estaban muy frustrados —recuerda Kern—, porque sentían que jamás tendrían oportunidad de ver por sí mismos los bosques tropicales, ya que, para cuando llegaran a ser adultos, los bosques habrían desaparecido.»

Entonces un niño de la clase hizo una sugerencia simple pero audaz: «¿Por qué no compramos el bosque tropical?»; así podríamos salvarlo.

«A los demás niños les pareció una idea muy buena: "Consigamos dinero suficiente para comprar un bosque tropical", dijeron —cuenta Kern—. Pero yo no sabía qué hacer. ¿Cómo podrías comprar un bosque tropical? Entonces, casualmente, conocí a una profesora estadounidense que había realizado investigaciones en una zona llamada Monte Verde, en Costa Rica. Me dijo que allí tenían el proyecto de recoger dinero para comprar y proteger bosques tropicales. De modo que vino a visitar a los niños y les mostró fotos del bosque tropical que podían comprar. Y ellos se entusiasmaron tanto que dijeron: "Empecemos a ahorrar dinero para comprar todo lo que podamos." Yo podría haberles dicho que no era posible, pero no lo hice.»

Noticias del pasado creativo

Acaba de llegarnos esta noticia de la Grecia del siglo v. Una comunicación de la oficina de ciencias con una pequeña nota de interés humano. Ha cundido cierta preocupación acerca del gran pensador Demócrito, la primera persona en concebir la estructura atómica del universo. Ha sido visto en la plaza pública sentado durante días y días, en apariencia perdido en sus pensamientos. Ciudadanos preocupados llamaron a Hipócrates, el médico de la ciudad. Muy bien; el informe comenta que éste examinó a Demócrito y se acabó la preocupación. Resulta que Demócrito en realidad está estimulando su creatividad mediante un poco de meditación. Al parecer, cuando alguien se abstrae en sus pensamientos puede encontrar algunas de sus mejores ideas.

De modo que los niños comenzaron a recaudar dinero. Organizaron ferias rurales, con actividades como cabalgatas, concursos de saltos y carreras de perros. Y compusieron canciones sobre los bosques tropicales y las interpretaron en público:

> *Oh, hermoso bosque tropical*
> *¿por qué tienes que morir?*
> *Todas las especies te necesitan.*
> *¡Debemos impedirlo!*
> *¡No pueden talarte!*
> *Todos te necesitamos.*

Kern recuerda respecto de los niños que concibieron el proyecto: «Al principio dijeron: "Podemos comprar sólo un trozo muy pequeño, pero si les decimos a otros, nos ayudarán y podrá ser un trozo más grande y quizá consigamos que nos ayude, mucha, mucha gente, entonces el trabajo valdrá la pena. Y si los niños de todo el mundo colectan dinero para los bosques tropicales, entonces lo lograremos y quedarán muchos bosques tropicales... no sólo ese poco." Ésa es la visión de los niños.»

Muy pronto, escolares de toda Suecia se enteraron del proyecto y miles se adhirieron al esfuerzo... y la canción. Hasta el rey de Suecia fue a la pequeña escuela y respaldó el proyecto.

«Si tienes un problema —dice Kern—, pide una solución a los niños e inténtala. Eso cambiará el mundo.»

Heurística: estar alerta

Con demasiada frecuencia pasamos los días funcionando con piloto automático. Hasta cierto punto, nos gusta que las personas y las situaciones sean predecibles; disfrutamos de lo habitual y nos agrada

$\longrightarrow$

evitar las sorpresas. Pero la rutina tiene una gran desventaja: con mucha facilidad podemos anquilosarnos en nuestra manera de ver. Nuestra expectativa de cómo se supone que sean las cosas reemplaza el acto de verlas.

Esto puede abarcar desde no reparar en el nuevo color o corte de pelo de tu pareja hasta no notar una nueva tendencia en los gustos del consumidor que podría afectar en forma drástica tu negocio.

Aquí te damos algunas ideas para reenfocar tus percepciones.

- Rompe cada día tu rutina normal. Podrías ir a dormir a una hora distinta, o tomar otro camino para ir al trabajo o a la escuela. O comer algo que jamás se te había ocurrido comer. Si te sientes más aventurero, ten una conversación con una persona particularmente difícil (tal vez alguien a quien no puedes soportar) y trátala de una manera por completo nueva. Cuanto más desagradable sea la persona y arraigado el hábito, tanto más probable es que te sacudas de encima tu rutinaria manera de ver las cosas. La clave consiste en no pensar en cómo cambiar las cosas o preguntarte: «¿Cuál es el mejor modo de cambiarlas?», sino cambiarlas sin otra razón que el mero hecho del cambio.

Lo que vemos todos los días se nos vuelve algo normal. La gente, las cosas, las vistas, los sonidos y los olores parecen desaparecer de la conciencia. Pierden aquello que las distingue. Una manera de evitarlo consiste en inventar un nuevo esquema, una manera fresca de ver algo corriente.

- Comienza con algo tan elemental como el agua. La idea consiste en notar la cantidad de veces por día que entras en contacto con ella y la extraordinaria cantidad de maneras en que aparece en tu vida: desde una ducha caliente o las delicadas gotas de rocío en la hierba que ves por la ventana, hasta los cubitos de hielo que tintinean en tu vaso.

Esta técnica de sacar las cosas de su contexto ordinario y crear un nuevo esquema para ellas constituye una forma de tornar insólito lo familiar.

Otra manera de observar con más precisión consiste en absorber nuevos tipos de información. Prestar atención a la conducta no verbal de una persona —sus gestos, su lenguaje corporal, su postura, su tono de voz— amplía el campo de percepción. Al hacer esto, percibimos no sólo las palabras que dice una persona sino también la «música». Este tipo de observación la practican los terapeutas, médicos e investigadores en una cantidad de situaciones en que la información importante podría estar oculta, intencionalmente o no. La doctora Alexa Canady, la neurocirujana que presentamos en el Capítulo 1, afirma que su creatividad radica en escuchar lo que el paciente dice realmente, en lugar de limitarse a aceptar lo que dice explícitamente.

- «Escucha en forma refleja» es una manera adicional de asegurar que no estás cerrándote a información útil. A veces nos perdemos en nuestros propios pensamientos mientras alguien nos habla. A menudo nos «desintonizamos» mientras preparamos mentalmente nuestra próxima respuesta.
- Una forma de contrarrestar esta tendencia tan natural consiste en proponerte la tarea de reflejar la con-

versación de la otra persona. De vez en cuando deja que la otra persona conozca tus impresiones acerca de lo que trata de comunicar. El objetivo es devolverle el reflejo de todos los detalles, sin interpretar o juzgarlos. Tal vez te sorprenda cómo este simple esfuerzo de dar realimentación para obtener realimentación aumenta tu comprensión de lo que realmente se está diciendo.

EL ALIVIO DEL SUFRIMIENTO

Avance: reencender la esperanza

La creatividad proviene del ser interior de una persona. Si esa persona carece de confianza y esperanza, el acto de criar a un hijo puede volverse difícil, incluso intolerable. Ésta era la situación en la comunidad hispana de San Antonio hasta que una mujer vio el problema y la solución.

Comenzó cuando Gloria Rodríguez, doctorada en educación, realizaba investigaciones para su *master*. Enseñaba a un grupo de alumnos de primer grado que tenían problemas en la escuela. «A los seis años ya estaban destinados a fracasar, porque venían a la escuela muy mal preparados —dice Rodríguez de los niños—. Me di cuenta de que ellos continuarían teniendo problemas a menos que los padres recibieran el apoyo y las herramientas que necesitaban para preparar a los hijos para la escuela.»

Su imaginativa solución consistió en iniciar una clase de los principios fundamentales de la función parental para las madres de los niños. Y así nació Avance en San Antonio, Texas. Gloria Rodríguez recuerda que la idea se le ocurrió «casi como si se encendiera una luz». Su clásico momento de iluminación fue una toma de conciencia de que ser padre o madre no es algo que uno traiga consigo automáticamente, sino que uno tiene que aprender esas habilidades, aprender de los debidos modelos, obtener guía y apoyo.

Cuando la doctora Rodríguez habló con los padres de los niños, descubrió que todos amaban a sus hijos, querían lo mejor para ellos y valoraban la educación. Pero también descubrió que los niños no estaban preparados para alcanzar el éxito académico en el sistema escolar tradicional. Y, tal vez lo más desalentador, virtualmente todos los padres y madres dijeron que suponían que sus hijos abandonarían los estudios alrededor del séptimo u octavo grado, tal como lo habían hecho ellos mismos.

El problema, según descubrió la doctora Rodríguez, radicaba en que las escuelas a menudo dan por sentado que todos los padres saben cómo preparar a sus hijos para los primeros años de educación. Sin embargo, muchos de esos padres y madres carecían del conocimiento más elemental de cómo crece y se desarrolla un niño. Algunos de ellos no habían recibido una crianza adecuada durante su niñez. Otros se hallaban aislados: ni siquiera conocían a su vecino. Vivían bajo continuo estrés y no alentaban esperanzas acerca de cambiar las cosas. Cerca de la mitad presentaba síntomas de depresión.

La doctora Rodríguez señala que las oleadas de inmigrantes europeos que llegaron a Estados Unidos en este siglo fueron recibidas por instituciones de integración bien organizadas; en ellas se les enseñaba el idioma del nuevo país, se los ayudaba con viviendas y empleos y se les mostraba el funcionamiento del sistema. «Lamentablemente, demasiados de los que componemos la población hispana —dice— no contamos con esa clase de apoyo, de modo que la esperanza se transformó en desesperanza, la energía se transformó en depresión. Si aportas recursos pero no llegas a ese espíritu herido por medio del amor, del aliento, de la realimentación positiva, los obstáculos de la vida de esa gente siguen estando allí. La misma percepción de sí mismos es la mayor barrera.»

El programa Avance apunta a crear una nueva comunidad. Las clases de Avance ofrecen una red de amigos y apoyo a las madres que han quedado aisladas. Los integrantes del personal de Avance pueden decir a esas madres: «Yo estuve donde tú estás ahora y mírame: lo logré. Tú también puedes hacerlo.»

Este mensaje sirve de algo más que inspiración: se ha convertido en realidad para camada tras camada de graduadas de Avance. Tras empezar viviendo a expensas del seguro de desempleo o habiendo abandonado los estudios elementales, la mayoría continúa adelante para obtener títulos de equivalencias de estudios secundarios, y muchas consiguen buenos empleos. Una de las principales lecciones del programa, según afirma Rodríguez, es que «todos tenemos problemas. Lo que marca la diferencia es qué hacemos con esos problemas».

Una de las experiencias educativas más definitorias para muchas de las madres de Avance tiene que ver con algo aparentemente simple: la fabricación de juguetes. Para algunas madres, tan pobres que sus hijos no tienen juguetes, la oportunidad de fabricar juguetes para sus hijos basta para atraerlas a Avance. Una madre explica: «Vine a Avance, antes que nada, por la fabricación de juguetes. Quería que mi hijo tuviera con qué jugar, pero no tenía dinero para comprar nada. Cuando empecé en el programa, me dije que no atendería la clase de función parental. Pero una vez que empecé a asistir a esas clases, hice amigas y vi que las lecciones estaban llenas de información sobre mi hijo, sobre nutrición, todas esas cosas.»

Los juguetes estaban pensados para acelerar el dominio de los preescolares de algunos conceptos básicos como forma y color. Por ejemplo, un juguete sencillo consiste en piezas de colores intensos: un cuadrado, un triángulo y un círculo. Cuando usan estas formas para armar otros objetos, como una casa de muñecas, los niños comienzan a reconocer las formas en su propio ambiente. Y, algo tal vez igualmente importante, las madres aprenden a alentar la curiosidad de los niños en lugar de reprimirla.

Otra lección fundamental para estas madres es la comprensión de la normalidad, y qué se necesita, en cada etapa del desarrollo de un niño, pues así comprenden qué significa ser la primera maestra de sus hijos.

Los pequeños cambios que introducen las madres en Avance pueden inspirar otros mucho mayores. Tal vez el principal impacto haya tenido lugar en uno de los proyectos de casas en las que viven muchas de las madres de Avance. «Tenía más de mil niños —dice la doctora Rodríguez—, pero no había una sola hamaca en todo el lugar. Y entonces las madres dijeron: "Un momento; eso no está bien. No tiene por qué ser así." Se sintieron con bastante capacidad como para creer que podían cambiar las cosas. Y plantearon a las autoridades de vivienda: "Si ustedes quieren que nuestros hijos digan que no a las drogas y a los embarazos precoces, tienen que darles alternativas." Y consiguieron cien mil dólares para construir un parque.» Cuando algunos drogadictos comenzaron a llegar al barrio, las madres formaron un programa de vigilancia comunitaria para cuidar los hogares de todas.

Una comunidad se construye con pequeñas cosas como hacer un juguete o ver cómo aprende un niño. También crece a partir de ver que las vecinas que asistieron a Avance volvieron a la escuela y encontraron trabajo. De pronto la gente empieza a creer en sí misma y en sus capacidades. Y luego no hay nada que las detenga.

Mediante una rara combinación de amor y servicios prácticos, Avance es un catalizador para reducir los sentimientos negativos de modo que estas mujeres puedan avanzar en su vida. Ésa es la esencia del altruismo creativo.

«Madre inmigrante»: una fotógrafa conmociona al país

El altruismo creativo es con frecuencia espontáneo. Un hecho inesperado, como el encuentro simbiótico de dos personas muy diferentes, puede encender el fuego de la creatividad. Consideremos lo sucedido a la gran fotógrafa estadounidense Dorothea Lange.

En marzo de 1936 hacía un mes que estaba viajan-

$\longrightarrow$

do sola. Era el final del invierno, el tiempo todavía estaba crudo e inclemente. Llovía cuando ella conducía su coche hacia el norte, rumbo a su hogar. Las maletas de las cámaras estaban cerradas.

Entonces, por el rabillo del ojo, vio un cartel: «Campamento de recolectores de guisantes.» Algo la impulsó a detenerse. «En ese momento obedecí a mi instinto, no a la razón —recordó más tarde—. Entré en ese campamento mojado y encharcado y aparqué. Me acerqué a una madre hambrienta y desesperada, como atraída por un imán. No recuerdo cómo le expliqué mi presencia o la cámara, pero sí recuerdo que ella no me hizo ninguna pregunta.»

Lange continúa: «No le pregunté su nombre ni su historia. Me dijo que tenía treinta y dos años. Me dijo que vivían de verduras congeladas de los campos vecinos y de los pájaros que mataban los niños. Acababa de vender los neumáticos de su coche para comprar comida.

»Estaba allí sentada en su tienda, con sus hijos acurrucados alrededor, y daba la impresión de saber que mis fotos podían ayudarla. Así que me ayudó. Había una suerte de igualdad en la situación.»

Dorothea Lange no podría haberlo sabido entonces, pero en ese viaje tomó una de las grandes fotografías estadounidenses, «Madre inmigrante». Publicada de inmediato en periódicos de todo el país, su foto conmocionó la conciencia de los estadounidenses y se volvió un símbolo importante para los responsables de los programas de ayuda social, que por fin hicieron llegar ayuda a los hambrientos trabajadores inmigrantes y a otros grupos que sufrían a causa de la Depresión.

Altruismo creativo: de Nepal a Brasil

La ceguera es uno de los muchos trágicos problemas de salud del Tercer Mundo. Para las familias que viven en la pobreza o la miseria, la carga que significa un familiar ciego puede resultar extrema. En muchos países pobres, quedarse ciego es virtualmente una sentencia a muerte; el intervalo promedio entre quedar ciego y morir es de sólo tres años. De manera increíble, más del noventa por ciento de tales cegueras es prevenible, a menudo mediante una mejor nutrición de los niños.

Además, muchas cegueras son curables. Una operación de cataratas que cuesta quince dólares puede, en muchos casos, devolver la vista. Lamentablemente, casi todos los oftalmólogos se concentran en las ciudades más importantes, mientras que la mayoría de las cegueras tienen lugar entre aldeanos dispersos en las zonas rurales.

En Nepal, país montañoso donde la mayoría de la gente viaja andando, este problema es especialmente grave. La SEVA Foundation Blindness Project, consagrada a solucionar el problema, movilizó a cirujanos oculares voluntarios de Nepal y de todo el mundo, pero al principio parecía no haber ninguna manera simple de conectar a los cirujanos con las muchas personas ciegas de las aldeas aisladas.

La solución consistió en crear «campamentos de ojos», equipos quirúrgicos móviles que viajaban por todo el interior. La mayoría de las veces la operación se practica en quirófanos improvisados, a veces utilizando pupitres como mesas de operaciones. Pero funciona. Debido a la difusión anticipada, las familias saben que pueden llevar a sus parientes ciegos al campamento de ojos para que se les practique una operación de bajo costo que devolverá la vista en el momento, aunque quizá lleve varios días trasladarse andando al campamento.

La acción social creativa a menudo depende de percibir y combinar las necesidades de diferentes grupos. El Senior Outreach Program de la catedral de Sto John the Divine es una solución inteligente a los problemas que encaran dos grupos de ciudadanos de edad con diferentes necesidades: personas físicamente sanas pero jubiladas que buscan un trabajo gratificador, y gente de edad con problemas físicos que desea continuar viviendo en sus hogares y no en asilos de ancianos.

Hay muchos ancianos de ambas clases en el barrio que rodea la catedral. El Senior Outreach Program reúne a personas de alrededor de sesenta años que quieren y necesitan ser útiles, con personas en su mayoría de setenta y ochenta años, que se esfuerzan por mantener su independencia. La ayuda que se brinda es práctica: cobrar un cheque de la Seguridad Social, llenar formularios médicos, hacer las compras o cambiar una bombilla eléctrica. Los voluntarios hacen visitas diarias y llamadas telefónicas para asegurarse de que la persona de edad a la que cuidan no haya sufrido una caída o algún otro percance.

«Todo forma parte de la idea de hospitalidad que es central para Saint John the Divine —dice Paul Gorman, de la catedral—. Tomamos la responsabilidad de incluir el derecho de la persona mayor a permanecer en su casa, por su cuenta, todo el tiempo que sea posible.»

La colaboración creativa —la poderosa sinergia de varios grupos diferentes— se está usando para abordar uno de los problemas sociales más serios de nuestro hemisferio. En la década de los ochenta, casi siete millones de niños pobres vivían en las calles de las ciudades brasileñas. Sin familia ni hogar ni escuela, vagaban en bandas semisalvajes, viviendo lo mejor que podían. Muy poco se hacía por ellos. Los educadores etiquetaban a esos niños como desertores escolares, pero se desesperaban por poder ayudar. Las autoridades de salud los veían como un perjuicio para la salud pública, pero se sentían incapaces de ofrecerles siquiera los servicios más elementales. Los comerciantes los veían como una amenaza, pues espantaban a los clientes con su sola presencia. Las autoridades municipales en general miraban para otro lado, y la policía veía a los niños con sospecha.

Sin embargo, el Instituto Synergos, con base en Nueva York, planteó un enfoque nuevo. Preocupados de que ningún grupo por separado pudiera mitigar el problema, Synergos creó una sociedad entre todos los grupos capaces de hacer algo por los niños. El resultado fue Roda Viva, una colaboración que creció de veinte a cuatrocientos grupos miembro en sólo un año y medio. Los organizadores concibieron esta sociedad como una «rueda viva» cuyos rayos representan a los miembros reunidos en equilibrio y el centro representa a los niños desfavorecidos.

Poco a poco, la vida comenzó a mejorar para esos niños. Muchas escuelas se abrieron de noche para que los niños pudieran tener un lugar donde dormir. Se crearon clínicas médicas móviles. Numerosos abogados se ofrecieron como voluntarios para proteger a los niños del acoso y los arrestos ilegales. Se consiguieron instalaciones deportivas y se hicieron esfuerzos para encontrar empleo a los muchachos mayores. Roda Viva es algo más que una solución a un problema particular. Con su énfasis en la colaboración como manera de atender problemas profundamente arraigados, se convierte con rapidez en un modelo para otras sociedades comunitarias.

No sólo los acostumbrados negocios como de costumbre

Algunas de nuestras instituciones más exitosas en el plano económico también están respondiendo al inmenso sufrimiento humano. Anita Roddick, la empresaria a la que conocimos en el Capítulo 3, ha emprendido una serie de proyectos de servicio: ayudar a huérfanos enfermos de sida en Rumanía, combatir la destrucción de los bosques tropicales en Brasil, ayudar a los minusválidos en comunidades donde la firma tiene locales. Para alentar los actos personales de compasión, a los empleados de Body Shop se les permite medio día por semana (tiempo pago por la empresa) de servicio comunitario. Los empleados pueden elegir cualquier servicio que quieran.

Poco después de que se derrumbara el régimen comunista en Rumanía, la gente de Occidente se enteró de que en ese país había vastas cantidades de huérfanos enfermos de sida relegados a instituciones miserables y carentes de personal suficiente. Roddick explica: «Yo estaba trabajando en Escocia cuando vi unas revistas que mostraban espantosas fotografías de niños internados en orfanatos rumanos. Me pregunté qué podíamos hacer. Me acompañaba mi hija, que me sugirió que organizáramos algo en el trabajo. Le respondí que sí y cuando regresé al trabajo, dos o tres de mis empleados me plantearon: "¿Podemos hacer algo por Rumanía?"

»Así que organizamos un pequeño grupo de gente para que dirigiera el proyecto y enviamos un grupo de los que llamamos los "guardianes" para limpiar y pintar los tres orfanatos que no habían recibido ayuda alguna, en el norte de Moldavia. Después enviamos otro grupo, llamado "el equipo del amor", sólo para abrazar, amar y cuidar a esos bebés, a la mayoría de los cuales nadie había besado o mimado nunca.»

Podrá ser un gesto pequeño, pero Roddick defiende apasionadamente tales esfuerzos en escala humana. «¿Por qué todos se obsesionan siempre con lo grande? —desafía—. ¿Qué tiene de malo la acción noble de una persona que ayuda a un solo bebé en Rumanía? La gente podrá decir que es una gota en el océano. ¿Y qué? Si no echas esa gota en el océano, no se formarán ondas en el agua —agrega—: No me interesa en absoluto cambiar los países o las culturas. Sólo quiero ver hermosos ejemplos del espíritu humano en acción.»

Uno de los dramas más impresionantes del servicio al espíritu humano tiene lugar cada día laborable en una fábrica de las afueras de Kyoto, Japón. Las perspectivas de trabajo de la gente afectada de serios problemas físicos y retardo mental suelen ser magras. A menudo su capacidad para el trabajo se juzga por si pueden o no realizar las mismas tareas de las personas que no padecen impedimento alguno. Pero Kazuma Tateisi, fundador de Omrom, importante empresa japonesa de alta tecnología, aplicó al problema una perspectiva más humanitaria y creativa. Tateisi se inspiró en una rama de la ciencia de la ingeniería llamada «teoría», que investiga cómo trabajan juntas las partes para crear un todo mayor que la suma de sus partes. Específicamente, observó el poder de la ingeniería cibernética para proveer un vínculo innovador entre la potencia de los seres humanos y la de las máquinas.

Su idea era que las personas minusválidas podían trabajar en forma eficaz —aun en complejas líneas de montaje— si la potencia de lo que eran capaces de hacer se integraba a la potencia de máquinas especialmente diseñadas para utilizar sus fuerzas físicas. La filosofía se basa en que cada persona puede hacer algo, aunque sea sólo algo pequeño. La fábrica Omron's Sun House tiene líneas de montaje completas que se han bajado al nivel de las sillas de ruedas. Un hombre paralizado que sólo puede usar una mano utiliza una herramienta diseñada para esa mano. Hay una máquina empaquetadora diseñada para que la opere una mujer tan gravemente discapacitada que sólo posee energía y movilidad para realizar un leve movimiento hacia adelante. Con suavidad empuja una caja, y con un potente envión la máquina completa las operaciones de la caja.

En un mundo interdependiente, todo y todos deberían ser útiles.

LA COMUNIÓN DE LO SACRO
Y LO SECULAR

En el Upper West Side de la ciudad de Nueva York, en lo alto de una barranca que mira hacia el corazón de Harlem, se eleva la catedral gótica más grande de Estados Unidos. Aunque la construcción de la catedral de St. John the Divine se prolonga desde hace más de un siglo, sigue incompleta, y sus torres de piedra aún no están acabadas.

Aunque físicamente incompleta, la catedral se ha convertido en el centro de un renacimiento de la comunidad urbana en cuanto a las necesidades espirituales que atiende. Uno de sus guías es el deán James Parks Morton. Con el objeto de comprender cómo y por qué esta institución está transformando su papel en la actualidad, el deán Morton evoca el papel de la catedral en los tiempos igualmente violentos de la Edad Media. «La catedral medieval de finales del siglo XII hasta el siglo XIV fue un hito especial en la historia —explica Morton—. Catedrales como las de Notre-Dame y Chartres y la abadía de Westminster se construyeron al mismo tiempo que nacían las primeras grandes ciudades europeas. Desde la caída de Roma en adelante, en Europa occidental había una civilización descentralizada, aldeana. Las grandes ciudades de la época estaban en Oriente y Oriente Medio, no en Europa.

«Con la apertura de las rutas comerciales, se formaron ciudades. Esto prenunció el final del feudalismo y el comienzo de una nueva era. Y entonces nacieron las catedrales. Las catedrales reflejaban esa nueva vitalidad.

»Nacieron las ciudades, y las catedrales nacieron con las ciudades. En los primeros tiempos de la Iglesia, eran muy modestas en tamaño, tal vez poco más que un techo encima del sillón del obispo. Pero con el crecimiento de las ciudades llegó esta nueva oportunidad de simbolizar el nuevo fermento.

»La catedral era un lugar en el cual podía reunirse la ciudad entera. Estos edificios celebraban una unidad: que todos y todo eran de algún modo reunidos y elevados. El gobierno y la política, la economía, la ciencia y el pensamiento, las obras de piedad y de arte y, en última instancia, la obra de adoración, todo tenía lugar en el mismo espacio.

»Por eso es que las catedrales son grandes obras de arte: era el arte de toda una ciudad, de toda una época. Y muchas de las grandes instituciones del mundo moderno son en realidad hijas de las catedrales. Las primeras escuelas de Europa occidental eran escuelas creadas por las catedrales. Y las catedrales eran grandes obras de ingeniería, las mayores de la época, que reflejaban todo tipo de experimentación.

Nueva York, como la mayoría de las grandes ciudades, está llena de problemas. El deán Morton cree que la catedral debería abrir sus puertas a esta realidad. Como resultado, una buena parte del presupuesto de la catedral va a programas para capacitar y motivar a gente joven.

¿Para el poliestireno hay vida después de la vida?

A varios metros del altar mayor de la catedral de St. John the Divine hay una exhibición muy terrena: un prototipo de una huerta de azotea. Diseñada por Paul Makiewicz y Bill Kissinger, ambos colaboradores del Gaia Institute de la catedral, podría constituir un

→

modelo para el «reverdecimiento» de Manhattan, con lo cual se limpiaría el aire, se refrescaría la ciudad y se obtendrían verduras frescas.

El prototipo ofrece una solución simple pero innovadora a un problema técnico: cómo se puede crear un suelo suficientemente rico como para poder mantener la vida de las plantas en un tejado urbano; sin embargo lo bastante liviano para que no afecte al techo. La idea: utilizar «tierra» compuesta en parte por poliestireno desmenuzado. La combinación de poliestireno con mantillo crea un suelo ligero y rico. Esta solución también ayuda a resolver otro problema ecológico: hacer buen uso del temido poliestireno que compone los miles de millones de vasos de poliestireno que cada día tiramos a la basura.

Enfrentar la piedra

El deán Morton señala con orgullo el patio de cantería, una amplia zona situada al costado de la catedral, donde se labra y da forma laboriosamente a grandes bloques de piedra caliza. De allí salen piezas bien medidas y escuadradas, y artísticas esculturas que en algún momento llegarán a formar parte de la catedral. Ese obrador es el sitio donde se lleva a cabo uno de los más originales experimentos de la catedral, destinado a fortalecer la vida de la comunidad.

Durante décadas, el trabajo de la construcción de la catedral permaneció interrumpido. El arte de la cantería se moría. No se había entrenado a ninguna nueva generación de aprendices. Dos enormes torres de piedra y varias otras partes de la catedral se habían abandonado en diversos estadios de terminación. Cuando los administradores de la catedral decidieron acabar la construcción, tomaron una decisión trascendental: revivirían el arte de la cantería y crearían una escuela de ese oficio.

En cuanto a los aprendices, la catedral los buscó en el barrio que se alza a su sombra. Muchos de los que ahora esculpen el mármol provenían de familias azotadas por la pobreza y sumergidas en el flagelo del alcohol y las drogas.

Ahora, esta cantería es famosa en todo el mundo. Los canteros de la catedral intercambian información con sus pares de otras partes del mundo. Canteros de Francia, Rusia y Colombia comparten su arte en este obrador alojado contra uno de los grandes muros de la catedral.

Muchos de los que acabaron trabajando allí son graduados de uno de los programas más ambiciosos de la catedral, el Manhattan Valley Youth Outreach Program. Hasta cinco mil jóvenes de ambos sexos, provenientes de los barrios pobres circundantes, pasan por este programa cada año, ya sea para recibir la asistencia que se brinda a consumidores de drogas, adolescentes embarazadas o padres adolescentes, como para recibir capacitación laboral o cualquiera de otra media docena de servicios.

Conozcamos a Eddie Pizarro, ahora jefe del obrador. «Eddie venía de una familia del Harlem hispano y tenía docenas de problemas —según el deán Morton—. Pero, con mucho sudor y sufrimiento, ha logrado ascender de aprendiz cantero a jefe del obrador.»

«Fundamentalmente, mi función aquí consiste en tratar de ayudar a otros a hacer algo por sí mismos —dice Pizarro acerca de su trabajo—. Yo lo sé, porque viví mucho de esto, tuve muchos tropiezos. Y ver que muchos muchachos pasan este entrenamiento me hace sentir orgulloso. Enseñando un oficio trato de ayudar a que ellos tengan una vida mejor.»

Para los alrededor de sesenta hombres y mujeres que trabajan en el obrador de cantería de la catedral, labrarse una vida mejor no ha resultado tarea fácil. La mayoría provienen de familias y barrios donde el desempleo, la deserción escolar, el abuso de drogas y alcohol y los embarazos adolescentes son la norma, no la excepción. Conseguir algún tipo de empleo es un logro, y mucho más dominar un oficio.

«Aquí —dice Pizarro— trato de enseñarles a tenerse confianza. Muchos de estos tipos no saben lo buenos que son. Esto exige mucho trabajo duro, demoras uno o dos meses para ver que realmente puedes hacerlo. Pero cuando te conviertes en un artesano aquí, podrás trabajar en todo el mundo.»

Los canteros de la catedral no sólo han revivido un arte agonizante, sino que se han hecho una reputación de excelencia. Restauradores urbanos procuran su ayuda para reconstruir las estropeadas fachadas de piedra de edificios de importancia histórica; también los buscan los constructores que quieren incluir obras en piedra en nuevas edificaciones.

Pizarro está justificablemente orgulloso de los jóvenes que él ha atraído al programa. Uno es Edgar Reyes, graduado en el Manhattan Valley Youth Outreach Program, ahora encargado en el obrador de cantería. «Cuando Edgar empezó, era el más joven de aquí —cuenta Pizarro—. Venía de una mala historia: salía de un hogar adoptivo y entraba en otro. Y al principio yo solía llevarlo a casa conmigo y le decía: "Escucha, tienes que tratar de aprender todo lo que puedas. Algún día lo harás muy bien. Y serás alguien." Hoy Edgar es mi mano derecha.»

El arte de una ciudad conflictiva

La catedral también es sede de una compañía de danzas afroamericanas. Para Abdel Salaam, director del grupo de danzas Forces of Nature, sus actuaciones forman parte de un servicio urbano que apunta a fomentar la comprensión dentro de los barrios más turbulentos de la ciudad.

«El arte ha sido una de las mejores maneras de ayudar a los neoyorquinos a resolver sus diferencias y reunir diversas comunidades», afirma Salaam.

El repertorio del grupo, que presenta danzas tanto africanas como afroamericanas, incluye una danza senegalesa llamada «Wolo Sodon Jondon». Proviene del pueblo Jon de Senegal, que era una clase sometida en los tiempos en que muchos de los suyos eran vendidos como esclavos para ser embarcados del oeste de África al Nuevo Mundo.

«Mientras miraban cómo se llevaban a sus hermanas y hermanos del país y los embarcaban para cruzar el océano —dice Salaam—, veían que tenían los pies y las manos atados. Lo único que podían mover era el cuerpo. Y así al principio de la danza los bailarines mueven sólo la cabeza y el torso en un movimiento lento, de arrastre, porque no podían mover nada más. Pero en la segunda parte de la danza se rompen las cadenas, se abren los pies, y los brazos se vuelven más grandes y sueltos. Esto simboliza la liberación de esas cosas que mantienen a nuestros jóvenes en un estado de esclavitud: educación mediocre, viviendas pobres, enfermedades.

»En la ruptura de esas cadenas hay una suerte de plegaria que ofrecemos a nuestros jóvenes, a nuestros mayores y a la comunidad de Nueva York. La plegaria transmite que a través del espíritu creativo que hay dentro de cada uno de nosotros podemos utilizar nuestra visión y liberarnos del conflicto.»

En el proceso de desarrollar habilidades artesanales, muchos aprendices se enfrentan cara a cara con hábitos arraigados y actitudes autodestructivas. Pizarro dice: «Espero que no sólo aprendan cantería, sino también a vivir la vida: a alcanzar una meta. Es algo bastante difícil para muchos de los de estos barrios, porque muchos no saben qué podrían hacer realmente si lo intentaran. Entonces abandonan, se dicen: "No puedo hacerlo." Depende de gente como yo sacar a la luz aquello que pueden hacer en realidad.

»La actitud tiene mucho que ver. Mucha gente que viene de la calle tiene la actitud de que en la vida sólo se trata de sobrevivir. No entienden que puedes hacer algo más que sobrevivir.

»Cumplir los cuatro años del curso de aprendiz es duro. Algunos no pueden ni siquiera mantener un matrimonio tanto tiempo. Es un gran sacrificio: cuatro años yendo a la escuela, aprendiendo el oficio. La parte más dura es obligarse a levantarse por la mañana y venir aquí y enfrentar la piedra. Pero una de las mejores sensaciones que tienes en este lugar es la de labrar una piedra y luego verla colocada en la catedral. Y que otra persona la vea y diga: "Vaya, cuánto trabajo duro ha puesto alguien en esto".»

Reyes reflexiona: «Lleva mucho tiempo construir una catedral. Sé que quizá yo no la vea terminada. Pero, con suerte, la verán mis hijos. La catedral la está construyendo gente de esta misma comunidad. Yo puedo decir: "Yo construí eso." Puedo mostrarle a la gente: "Esto lo hice yo."»

Pese a estas impresionantes historias de éxito, hay quienes preguntan al deán Morton por qué una catedral tan dedicada a la acción comunitaria práctica gasta recursos en completar una torre de piedra. Él responde con un antiguo cuento budista de un mendigo que tiene dos monedas: con una compra pan, con la otra compra una flor exquisita.

«Somos algo más que nuestro estómago —dice Morton—. También tenemos que alimentar nuestro espíritu. La torre, que es algo hermoso, simboliza de una manera muy real a la comunidad que está construyéndola. Y la gente que la construyó puede decir: "Mi nieto va a trabajar en eso." Y mi nieto va a decir: "Mi abuelo construyó eso." Es maravilloso.»

Soy una cámara

El siguiente es un ejercicio que puedes hacer con un amigo. Puede resultar divertido y darte la experiencia de ver sin preconceptos.

Decide qué persona será la cámara y quién el fotógrafo. Si haces el papel de la cámara, tu amigo, como fotógrafo, deberá ponerse detrás de ti. Supón que tus ojos son la lente de la cámara y tu hombro derecho es el botón del obturador. Tus ojos (la lente) permanecerán cerrados hasta que el fotógrafo saque una fotografía palmeándote en el hombro derecho (como presionando el botón del obturador). En ese instante tus ojos se abren y cierran rápidamente, igual que el obturador de la cámara.

El papel del fotógrafo es el de llevarte de un lado a otro, guiándote por los hombros y colocándose de modo que haya diferentes escenas en tu línea visual. Por supuesto, el fotógrafo debe cuidar de no golpear o romper la cámara. Supón que hay doce o veinticuatro tomas en este rollo de película, así que sigan andando y fotografiando hasta terminarlas.

Tu tarea, como cámara, es la de registrar perfectamente cada detalle de la imagen, sin ninguna distorsión. Confía en que el fotógrafo sabe lo que está haciendo. Cuando oprima el botón del obturador, tus ojos se abren sólo un breve instante —basta con un segundo— y la imagen a la vista queda grabada en la película (en tu memoria). Todo lo que debes hacer es ver qué hay, frente a ti, sin ninguna noción preconcebida, en cada una de las fotos que tomes.

→

→

Hay un par de razones para hacer esto. La rápida serie de impresiones registradas te dan la experiencia de ver lo que es, sin que la percepción esté afectada por tus expectativas. Lo importante es ver sin ningún concepto predeterminado. Como te dirán muchos inventores, p.ej. Paul MacCready (véase p. 51), reducir tus preconceptos cuando enfrentas un problema nuevo constituye un elemento vital del proceso creativo.

Una comunidad simbiótica

En la catedral convive una mezcla fascinante de lo secular y lo sagrado. El deán Morton cree que así sucedía también en la Edad Media. «Una de mis historias preferidas —dice Morton— es la de la gran catedral de Chartres, que se construyó en la plaza de la ciudad de modo que el mercado quedara justo delante de sus puertas. Muchas personas toman como una señal de la piedad de los constructores de la catedral el hecho de que el suelo tiene cierta pendiente hacia el altar, como si estuvieras elevándote al cielo.

»Yo digo que es un disparate. El edificio está justo en el mercado, y estoy seguro de que, cuando llovía, todo lo que había en el mercado entraba en la gran nave: las gallinas y los cerdos y todo lo demás. Creo que tiene inclinación porque después debían baldearlo. Ésa es una de mis imágenes favoritas de la fusión de lo sagrado y lo secular. Y nosotros estamos tratando de volver a provocar eso: la combinación natural de este lugar con la comunidad.»

Para el deán Morton, la diversidad misma de la comunidad es la fuente de su creatividad. Las diferencias permiten la simbiosis, la relación beneficiosa entre dos cosas disímiles. Éste es un concepto tanto religioso como científico. El altruismo creativo está constantemente evolucionando, cometiendo errores, fracasando y luego avanzando con nuevo ímpetu. Esta evolución es producto tanto de la creatividad como de la compasión.

Éste es el mejor de los tiempos y el peor de los tiempos. Y es tiempo de repensar la naturaleza de nuestra responsabilidad para con los demás y expandir los límites de nuestro amor y preocupación por los demás. Los actos de altruismo creativo nos colocan en el centro de la red de la vida, atrayéndonos hacia una relación íntima con los demás. La esperanza reside en que los pueblos del mundo se fortalezcan con este inevitable acercamiento y que de la diversidad surja una nueva y vigorosa cultura global. ¿Pero cuáles serían las condiciones para tal renacimiento de la creatividad humana?

Encender un renacimiento global
de la creatividad

Durante toda la historia ha habido tiempos y lugares en los que la gente ha sido especialmente inventiva y creativa. Los eruditos nos dicen que tales períodos han sido animados por una abundancia de puntos de vista diferentes, un ambiente receptivo para el cambio y una apremiante necesidad de solucionar problemas. Por ejemplo, en Estados Unidos un acontecimiento bruto de la historia puede haber hecho que este país fuera particularmente receptivo al espíritu creativo.

En opinión de Howard Gardner, los problemas que se enfrentaban en la frontera estadounidense exigían una respuesta creativa. «Con mucha frecuencia la inventiva surgía de un problema práctico real en la frontera, en la granja, en el páramo, donde no había precedentes ni manuales ni personas sabias a quienes pedir consejo —observa Gardner—. La gente, vieja y joven, tenía que intercambiar ideas en los grupos hasta llegar a una solución.»

Las condiciones para un renacimiento creativo han sido exploradas por las investigaciones de Dean Simonton en la Universidad de California. Su conclusión es que, en toda la historia, intensas rivalidades entre estados pequeños a menudo han encendido la chispa de la creatividad. La antigua Grecia, cuna de algunos de los pensadores más originales del mundo, se hallaba dividida en numerosas ciudades-estado, como Corinto, Atenas y Esparta. De manera semejante, la Italia del Renacimiento bullía de intrigas políticas entre ciudades-estado rivales como Florencia y Venecia, cada una de las cuales era un caldero hirviente de su propia forma de creatividad, de los cuales emergieron gente como Miguel Ángel, Rafael, Dante, Maquiavelo y Leonardo. Y fue durante los siglos en que lo que hoy es Alemania comprendía un mosaico de pequeños principados, que Mozart, Beethoven, Goethe, Hegel y Schiller ofrecieron su genio al mundo. Sin embargo, cuando Bismarck unificó Alemania, a finales del siglo XIX, la Edad de Oro alemana llegó a su fin. Como lo expresó Gladstone: «Él hizo grande a Alemania y pequeños a los alemanes.»

Éstos no son sólo ejemplos aislados; este esquema se observa en lo más profundo de las corrientes de la historia. Ésa es la conclusión de Simonton a partir de su ambicioso estudio, que mide la cantidad de creadores sobresalientes entre los años 500 a.C. y 1899 d.C. en todas las grandes civilizaciones de Europa, India, China y el mundo islámico. Comprobó que la riqueza, el crecimiento geográfico, un país centralizado y la guerra no lograron establecer ninguna relación con la creatividad. El único factor que se vinculaba con los lapsos de intensas manifestaciones creativas era la fragmentación política.

Entonces, Simonton estudió 127 períodos de veinte años en la historia europea, desde el 700 a.C. hasta 1839 d.C. De nuevo, la fragmentación política apareció como el mejor factor de predicción política de la creatividad. El desarrollo creativo, hasta cierto punto, depende de la exposición a la diversidad cultural.

La más reciente Edad de Oro de la creatividad en Estados Unidos alcanzó su punto más alto después de la Segunda Guerra Mundial. «Comenzamos a ser intensamente creativos en todos los ámbitos, hasta convertirnos en líderes mundiales —dice Simonton—. La mayor parte del mundo busca nuestro liderazgo en los diversos campos de la ciencia, del arte, de las humanidades en general.» Una razón de este brote creativo, según observa Simonton, fue la habilidad de Estados Unidos para aprovechar la diversidad de su propio pueblo, ya fueran refugiados de Europa o afronorteamericanos.

¡Ciudadanos del monolito, rebelaos!

Es verdad; una infancia pasada en una profusión de diferencias culturales y puntos de vista contrarios es un tónico para el espíritu creativo. La mayoría de los filósofos eminentes, por ejemplo, crecieron en un tiempo y lugar marcado por la fragmentación política. El profesor Simonton ha comprobado que había un lapso de alrededor de veinte años hasta el florecimiento de la creatividad. Pequeños estados rivales inculcaban una actitud creativa en sus hijos, que daba frutos cuando éstos alcanzaban la adultez, aunque el país viviera una unificación y un conformismo generalizados. «Aristóteles fue el maestro de Alejandro Magno —dice Simonton—, pero es a la pequeña Atenas, y no al Imperio Macedonio, a la que debe reconocerse el mérito del desarrollo intelectual de Aristóteles.» El curso creativo de los que nacieron ciudadanos de un estado monolítico es: ¡rebelaos! La mayoría de los grandes filósofos abrazaron un credo que iba contra la corriente de las normas de la época.

Las empresas innovadoras competitivas de hoy no son diferentes de las ciudades-estado rivales del pasado. Como ha mostrado una y otra vez la historia de las corporaciones, cuando una compañía nueva alcanza un éxito más allá de toda expectativa, creciendo prácticamente de la noche a la mañana hasta convertirse en una empresa enorme, entonces la chispa creativa corre peligro de extinción, lo mismo que ocurre en los estados monolíticos. «La grandes instituciones sofocan el cambio —dice Jim Collins, de la Universidad de Stanford—. ¿Por qué las economías del Oeste eran tanto más innovadoras que las economías viejas, enormes y centralizadas del bloque oriental? Porque cuando mantienes las cosas pequeñas, tienes mucho más espacio para la creatividad que en un solo y gigantesco monolito económico.»

Simonton señala interesantes paralelos entre la creatividad individual y la social. En el nivel del individuo, la creatividad implica un proceso de absorber ideas nuevas, de lanzarse al desequilibrio y tratar de lograr alguna adaptación, una nueva síntesis. El proceso creativo implica integrar las partes en algún todo coherente. Pero para seguir siendo creativo el individuo debe seguir asimilando nueva información y nuevas experiencias.

Lo mismo se aplica al nivel de la sociedad. En los períodos más creativos ha habido una tremenda infusión de diversidad: ideas nuevas y encuentros transculturales. Entonces la sociedad se enfrenta al desafío de unir tanta diversidad y complejidad de alguna manera armoniosa. En el mejor de todos los mundos posibles, esa sociedad se torna creativa y entra en una edad de oro en que se las ingenia para transformar su diversidad en un estilo o visión único del mundo.

Simonton cree que tal vez Estados Unidos esté listo para experimentar un nuevo estallido de creatividad. Señala la existencia de importantes poblaciones de origen africano e hispánico y una enorme infusión de inmigrantes de la zona del Pacífico y el sudeste de Asia. Ahora esta diversidad existe en comunidades pequeñas y fragmentadas, pero Simonton considera que, si logramos encontrar algún modo de aprovechar la fuerza de esta pluralidad en una visión unificada, Estados Unidos puede continuar siendo uno de los países más creativos del mundo.

En Europa, los principales grupos étnicos que han sido dominados durante décadas por enormes imperios ahora comienzan a utilizar su libertad para contemplar el pasado y plantearse: ¿qué tiene de único ser eslavo o polaco? Ahora ha terminado la homogeneidad que se impuso artificialmente en Europa oriental y la Unión Soviética, y en su lugar crecerán centros nerviosos de creatividad.

Además, a causa de la comunicación global, existe más posibilidad que nunca para que las culturas aprendan unas de otras. Culturas débiles en uno u otro aspecto de creatividad pueden aprender de otra sociedad fuerte en ese aspecto específico, como hizo con éxito Japón cuando adoptó la tecnología occidental.

En última instancia, el renacimiento de la creatividad dependerá de las acciones de los individuos. Un trabajador sueco estampa orgulloso su nombre en la parte de la máquina que ha fabricado. Una neurocirujana de Detroit pone con ternura una mano sobre la cabeza de su pequeño paciente en busca de indicios especiales de una nueva operación exitosa. Un niño italiano mira con ojos de asombro la deslumbrante belleza de un campo de amapolas y anuncia que «es mejor que el helado». Pero las últimas palabras sobre el tema de la creatividad deben dedicarse a una mujer que era sorda y ciega.

Hellen Keller recordaba una conversación con una amiga que acababa de regresar de un paseo por el bosque. Cuando le preguntó a su amiga qué había observado, ésta respondió: «Nada en particular.»

«Me pregunto cómo es posible —dijo Helen— caminar durante una hora por el bosque y no ver nada notable. Yo, que no puedo ver, encuentro cientos de cosas: la delicada simetría de una hoja, la piel lisa de un abedul plateado, la corteza áspera de un pino. Yo, que soy ciega, puedo dar un consejo a los que ven: usad vuestros ojos como si mañana fueran a quedar ciegos.

»Oíd la música de las voces, la canción de un pájaro, las poderosas melodías de una orquesta como si mañana fuerais a quedaros sordos.

»Tocad cada objeto como si mañana fuerais a perder el tacto.

»Oled el perfume de las flores, saboread con deleite cada bocado, como si a partir de mañana ya no pudierais volver a saborear u oler.

»Aprovechad al máximo cada sentido.

»Gozad la gloria de todas las facetas y placeres y belleza que el mundo os revela.»

Preguntas penetrantes

Durante los períodos de gran cambio, las respuestas no duran mucho pero una pregunta vale mucho. La palabra «pregunta» (en inglés, *question*) deriva del latín *quaerere* (buscar), que es la misma raíz de la pala-

$\longrightarrow$

bra inglesa *quest* (búsqueda). Una vida creativa es una constante búsqueda, y las buenas preguntas son guías útiles. Hemos descubierto que las preguntas más útiles son abiertas, pues permiten que se revele una respuesta nueva, no anticipada.

Éste es el tipo de preguntas que los niños no temen hacer. Al principio parecen ingenuas. Pero piensa qué diferente sería nuestra vida si nunca se formularan ciertas preguntas inocentes. Jim Collins, de la facultad de la empresa de Stanford, ha compilado la siguiente lista de preguntas inocentes:

Albert Einstein: ¿Qué aspecto tendría una onda de luz para alguien que viajara a su lado?

Bil Bowerman (inventor de las zapatillas Nike): ¿Qué pasa si echo goma en mi aparato para hacer *waffles*?

Fred Smith (fundador de Federal Express): ¿Por qué no puede haber un servicio confiable de correo veloz?

Godfrey Hounsfield (inventor del aparato para hacer tomografías computarizadas): ¿Por qué no podemos ver en tres dimensiones lo que hay dentro de un cuerpo humano, sin abrirlo?

Masaru Ibuka (presidente honorario de Sony). ¿Por qué no le quitamos la función de grabación y el micrófono y le ponemos auriculares al grabador? (Resultado: el *walkman* Sony.)

Al principio, muchas de estas preguntas fueron consideradas ridículas. Otras empresas fabricantes de zapatillas pensaron que la zapatilla con suela de «crepe» de Bowerman era una «idea realmente tonta». A Godfrey Hounsfield le dijeron que el aparato para tomografías computarizadas era «poco práctico». Masaru recibió comentarios como: «Un grabador sin micrófo-

→

no ni grabador... ¿Estás loco?» Fred Smith propuso la idea de Federal Express en un trabajo en Vale y obtuvo una nota baja.

- Aquí tienes un ejercicio simple para desarrollar tu habilidad para formular preguntas que pueden producir ideas radicalmente nuevas e inesperadas. Todos los días, durante una semana, tómate unos minutos para hacerte una pregunta que empiece con: «Me pregunto...» Hazte esta pregunta acerca de un aspecto particular de tu vida, como el lugar de trabajo. «Me pregunto qué pasaría si dividiéramos la corporación en doce compañías autónomas más pequeñas.» Es esencial que no te censures, por muy poco práctica o antojadiza que suene la pregunta.

  Después de que hayas practicado un poco con esto, intenta hacer públicas tus preguntas, formulándolas a amigos o colegas. Concéntrate en algo por lo que sientas verdadera curiosidad y que importe a otras personas. Como en el cuento del traje del emperador, es probable que descubras que tu pregunta revela puntos débiles y suposiciones que merecen ser cuestionadas.

«Si avanzamos en la dirección de nuestros sueños, encontraremos un éxito inesperado en cualquier momento.»

HENRY DAVID THOREAU